城关乡志

郑州市名镇志文化工程

中共郑州市委党史和地方史志研究室　编著

中国水利水电出版社
www.waterpub.com.cn
·北京·

图书在版编目（CIP）数据

城关乡志 / 中共郑州市委党史和地方史志研究室编著. -- 北京 : 中国水利水电出版社, 2024. 12.
ISBN 978-7-5226-3057-1

Ⅰ. K296.15

中国国家版本馆CIP数据核字第2025DR7582号

审图号：豫郑S〔2018〕005号

选题策划：马爱梅　宋建娜　李慧君
责任编辑：李慧君

书籍设计：李　菲　田雨秾　龚　煜

	郑州市名镇志文化工程
书　名	城关乡志 CHENGGUAN XIANG ZHI
作　者	中共郑州市委党史和地方史志研究室　编著
出版发行	中国水利水电出版社 (北京市海淀区玉渊潭南路1号D座　100038) 网址: www.waterpub.com.cn E-mail: sales@mwr.gov.cn 电话: (010) 68545888 (营销中心)
经　售	北京科水图书销售有限公司 电话: (010) 68545874、63202643 全国各地新华书店和相关出版物销售网点
排　版	北京金五环出版服务有限公司
印　刷	北京天工印刷有限公司
规　格	184mm×260mm　16开本　13.5印张　208千字
版　次	2024年12月第1版　2024年12月第1次印刷
定　价	128.00元

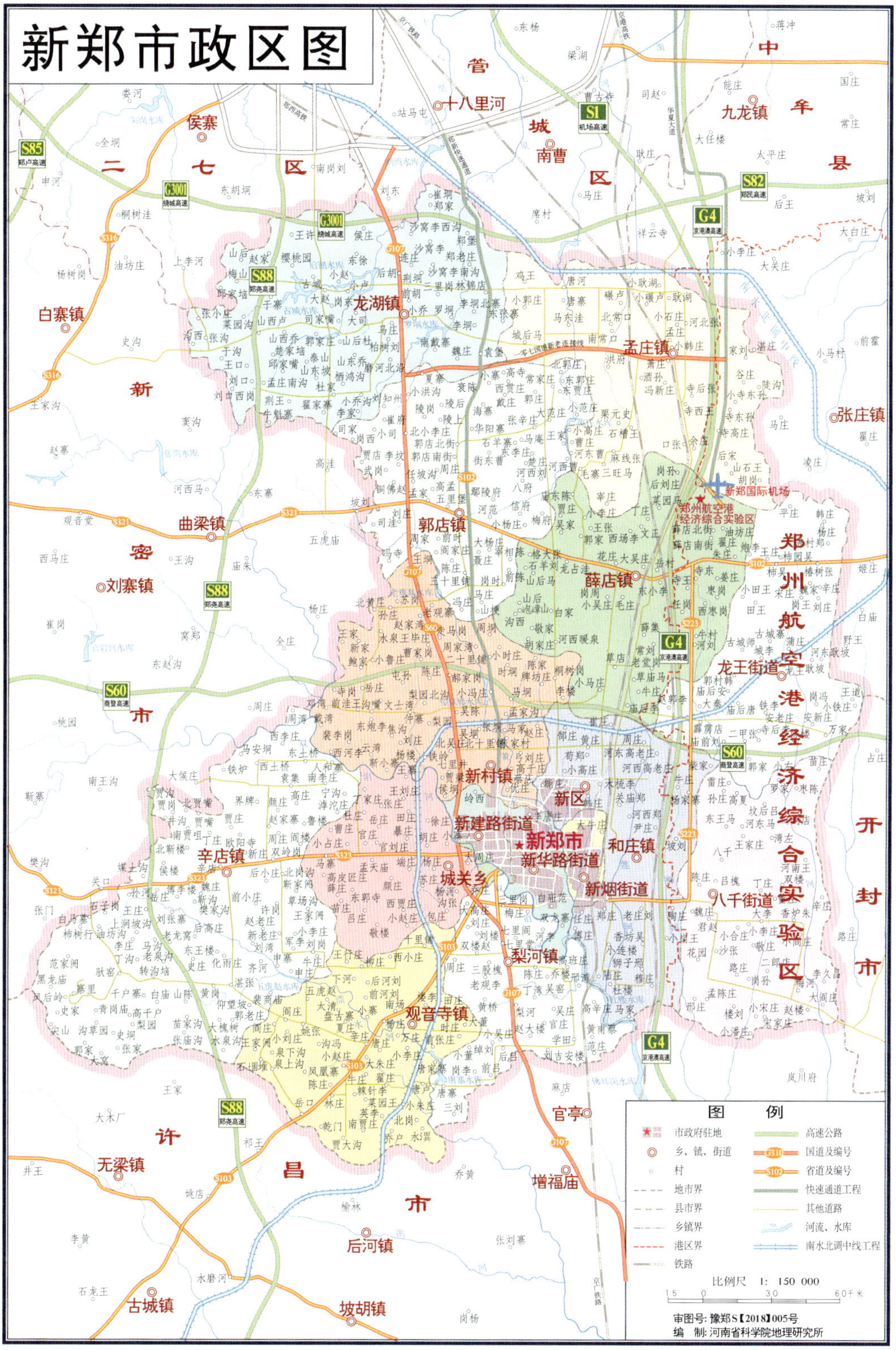
新郑市政区图
二七区
管城区
中牟县
新密市
许昌市
开封市
郑州航空港经济综合实验区
龙湖镇
孟庄镇
郭店镇
薛店镇
龙王街道
新村镇
新区
新建路街道
新郑市
新华路街道
和庄镇
新烟街道
辛店镇
城关乡
八千街道
梨河镇
观音寺镇
官亭
增福庙
侯寨
十八里河
南曹
九龙镇
白寨镇
张庄镇
曲梁镇
刘寨镇
无梁镇
后河镇
古城镇
坡胡镇
新郑国际机场
郑州航空港经济综合实验区
图例
市政府驻地
乡、镇、街道
村
地市界
县市界
乡镇界
港区界
铁路
高速公路
国道及编号
省道及编号
快速通道工程
其他道路
河流、水库
南水北调中线工程
比例尺 1: 150 000
审图号：豫郑S【2018】005号
编 制：河南省科学院地理研究所

新郑市政区图

城关乡新型城镇化社区 刘栓阳 摄

商城大橋

西城大桥　刘栓阳 摄

白居易故里　刘栓阳 摄

南水北调中线工程穿境而过　刘栓阳 摄

洧水公园　刘栓阳 摄

郑州市名镇志、名村志、名街志编纂委员会

名誉主任 虎 强

主　　任 丁淑杰

副 主 任 李红霞 王丹东 牛宏波 张 凯 何 伟 高 峰 尹 红

委　　员（按姓氏笔画排序）

马素华 马素萍 王 彬 王 磊 王传胜 李 峰 李智俊

李新建 张海军 罗东方 夏利东 璩鹏辉

主　　编 丁淑杰

副 主 编 王丹东

编　　委（按姓氏笔画排序）

马福永 王海燕 冉涌泉 任兴来 刘 伟 李 磊 张 利

张 磊 张帅灵 张晓娟 武丽娜 贾 佳

编　　辑 李艺博 王 丹 丁代民

学术顾问（按姓氏笔画排序）

王河宁 王保国 安海蓉 孙英民 李仁清 李伯谦 李嘉南

张 永 张 霆 张绍宇 陈万卿 杭 侃 郑东军 胡惠林

宫嵩涛 徐建勋 韩国河

《城关乡志》编纂委员会

主　　任　李利娜　李　磊　李晓东

副 主 任　李培源

委　　员　李　立　王启名　代书勋　李华锋　卢　冰　李娜　张秋原　李　锋　赵洪斌　张发展

编　　撰　（按姓氏笔画排序）

马聪敏　马富强　王全军　王石柱　王明福　王建保　王洪洲　冯韩星　刘玉环　刘子敬　刘新甫　孙宏杰　孙玉霄　李　莹　李学中　李　展　张彦平　张军伟　张　勇　张洪涛　周丽娟　周松鹤　岳海涛　赵君宝　赵振超　赵德江　祝　莹　贾　婧　徐保国　秦根卫　秦娟娟　秦晓革　高　云　唐　飞　梁玉宁　敬书贵　薛畅勇

序　言

2024年是中华人民共和国成立75周年，是实现“十四五”规划目标任务的关键一年。中共郑州市委党史和地方史志研究室（下称“我室”）坚持以习近平新时代中国特色社会主义思想为指导，把学习贯彻党的二十大精神和二十届二中、三中全会精神，作为当前和今后一个时期的一项重大政治任务，找准党史方志服务改革发展的切入点着力点，谋划好、组织好、落实好服务全面深化改革的重要举措。在中国地方志工作办公室、中共河南省委党史和地方史志研究室的指导支持下，锚定“两个确保”、实施“十大战略”，牢记“为党立言、为国存史、为民修志”的职责使命，充分利用地方志体裁的独特优势，客观准确记述乡镇（街道）、村（社区）的历史与现状，促进满足人民文化需求和增强人民精神力量相统一，切实发挥好乡镇（街道）、村（社区）志“存史、资政、育人”功能。我室充分发掘、放大、展示郑州历史文化资源禀赋和特质、气质，扎实落实《郑州兴文化工程文化研究计划实施方案》，围绕郑州当代发展研究、郑州文化名人研究、郑州城市文化史研究、郑州重要时期的重大事件研究、郑州红色文化研究、郑州重要历史文化遗存研究、郑州重要历史文献典籍研究开展工作，相继完成了41部乡镇（街道）、村（社区）志的编纂出版工作，在积极探索基层志书编纂体制机制创新上持续发力，推动党史和方志工作高质量发展，努力打造新时代精品佳志，主要做法是：

坚持正确导向，突出时代主题。我室在乡镇（街道）、村（社区）志编纂中，力求全面、客观反映党史、新中国史、改革开放史、社会主义发展史在郑州的辉煌业绩，记录郑州从一座古老的城市发展成为国家中心城市的历史进程，阐释中华文明、中原文化在郑州这座城市的文明形态起源、嬗变和现代转型。聚焦黄河文化、商都文化、黄帝文化、河洛文化、嵩山文化和二七精神等重要的城市文化名片，我室组织编纂了管城区《东大街街道志》《西大街街道志》《城东路街道志》《南曹街道志》《二里岗街道志》，二七区《德化街道志》，金水区《杜岭街道志》，上街区《峡窝镇志》《方顶村志》，巩义市《回郭镇志》《大峪沟镇志》《康店镇志》《河洛镇志》《站街镇志》《小关镇志》《米河镇志》《涉村镇志》

《海上桥村志》，新郑市《孟庄镇志》《新建路街道志》，荥阳市《汜水镇志》《王村镇志》，惠济区《古荥镇志》《花园口镇志》，中牟县《雁鸣湖镇志》《黄店镇志》，新密市《刘寨镇志》，登封市《告成镇志》《中岳庙社区志》等基层志书。这批志书尝试从方志学的角度描述、分析郑州的历史和文化，讲述方志故事，凝聚城市精神，发现并彰显这些深藏在街道社区、乡村田野里的城市文化根脉。

坚持质量标准，规范编纂流程。我室认真贯彻落实《郑州市地方志工作规定》要求，明确各级党史方志工作机构与编纂单位分工负责，针对每部志稿都成立专班推进，形成了一级抓一级、层层抓落实，踏石留印、抓铁有痕的工作格局。遵循地方史志工作的基本原则，把质量视作乡镇（街道）、村（社区）志编纂的生命线，对每部志书严把政治观、史实关、体例关、文字关、出版关和印刷关。为提高编纂专业水平，我室邀请中国地方志工作办公室、中共河南省委党史和地方史志办公室指导工作，并与国内知名高校合作，采取集中培训、案例教学等形式，面向修志业务人员，结合实际答疑解惑，较好地统一了修志原则和基本规范。同时，与中国水利水电出版社紧密协作，按照中国名镇志、名街志、名村志文化工程的质量标准，开展全方位深度合作，搭建专业服务平台，合力推进精品工程建设。

拓展史志视野，创新编纂方式。我室积极适应进入"读图时代"的现代读者需求，在锤炼文字表达的同时，特别突出"图像存史"的作用。与河南省美术家协会合作，组织一批在省内乃至全国有影响的优秀画家，深入基层开展采风创作，用画笔描绘郑州美丽乡村和城市现代街区风貌。我室要求编纂单位注意对优秀美术作品的资料收集，成为熠熠生辉的亮点。中共郑州市委宣传部外宣办、河南日报新闻图片有限公司、郑州日报社及市、区县（市）摄影家协会等单位和许多优秀、敬业的摄影家，为本套丛书提供、创作了大批精彩的摄影作品，与志书篇章结构和语言文字同步配合，形成全新的图像叙事语言体系。这已不是简单的配图、插图、图文并茂，而是把图像证史、存史放在编纂方式创新的维度上来考量其价值与意义。

提高学术品质，丰富志书内涵。我室借鉴人文地理学和社会学的调查研究方法，在中原区委、区政府的支持下，组织编纂了该区《西流湖街道志》《中原西路街道志》《桐柏路街道志》《三官庙街道志》《棉纺路街道志》《绿东村街道志》《林山寨街道志》《汝河路街道志》《航海西路街道志》《须水街道志》《秦岭路街道志》《建设路街道志》12 部街道志，对一个行政建置区域的政治、经济、文化、社会、生态建设状况，特别对自中华人民共和国成立以来各个历史时期的发展做了全方位的较完整记述。这些街道志组成了一个美丽的"方志拼图"，从中可以清晰地看到中原区从中华人民共和国成立初期的传统城郊农业区，形成郑州市的市级行政中心、文化中心和现代工业区，又在改革开放以来经过国企改革的华丽"蝶变"转型升级为现代化宜居宜业新城区的时空轨迹。我室还与郑州大学建筑学院合作，开展传统村落与民居保护和城市街区建筑文化专项调查，形成了一批研究成果并在编纂中予以重点展示。郑州市是中华文明探源工程、夏商周断代工程等考古研究的重点区域，拥有世界文化遗产登封"天地之中"历史建筑群和诸多国家重点文物保护单位，各类历史文化遗迹俯拾即是。在文物部门的大力支持下，我室在相关志书编纂中，注意收录考古最新发现及研究成果，以丰富志书编纂的文化内涵。

坚持统筹规划，分层扎实推进。我室坚持依法治志的基本原则，依法推进各项编纂组织管理工作。一是建章立制，科学管理。结合编纂实际，理顺管理体制和运行机制，明确了市、县区、乡镇、村在志书编纂中的各级权责，分级负责与属地管理有机结合，最大限度地形成合力、统筹推进。我室把这项工作作为一项硬任务，年初及时向市委市政府报告列入年度工作计划、列入财政预算，并与各区县（市）协商制订工作计划，按节点有序推进。二是统一规划，明确目标。在工作中要求各区县（市）本着精品至上、宁缺毋滥的原则确定选题规划，突出"名"和"特"，建立编纂项目库，集中力量，抓出精品，锻炼队伍，探索经验。三是分类指导，有的放矢。根据各区县（市）申报的选题计划，我室进行实地考察和逐一分析，建立选题库，按照年度工作计划出版。在整体过程中，实施有效的分类管理，进度服从质量，不搞“一刀切”，因地制宜，精准发力，推动这项工作积极稳妥、健康有序开展。四是重点突破，严把关口。我室以出版为时间节点，倒排工期，提出每部志书要认真把好四个关口：首先，每部志书的承编单位要严格按照既定的编纂体例完成初稿，做到篇目完整、材料充分。其次，各区县（市）党史方志工作机构要组织相关部门召开评审会，重点把好政治关、史实关，确保在民族、宗教、保密等重大问题上不出偏差，在内容材料上客观真实、准确无误。第三，由我室协同组织出版社、承编单位和专家学者，对稿件进行集中修改审定，群策群力，解决每部志书在内容、体例、语言等方面存在的问题，基本完成定稿。第四，出版社按照所签订的合作协议，编辑出版关口前移，签订协议后，提前介入每部志书的具体编纂指导、审定等工作，确保出版进度和质量。

坚持深入调研，解决实际问题。在党史方志事业转型升级创新发展的进程中，转变思想观念、转变发展方式是全面的、深层次的变革。在推进郑州市名镇志、名村志、名街志文化工程工作中，我室深感地方志工作“一纳入、八到位”不能仅停留在一般性的“纳入”和“到位”上，应该以问题为导向，深入调查研究，切实解决党委政府重视支持、人力财力保障等基层反映强烈的实际问题。一是积极争取各级党委政府支持。乡镇（街道）、村（社区）志的编纂主体是市县乡各级党委政府及其地方党史方志工作机构，是“官修”而非私修。因此，编纂乡镇（街道）、村（社区）志是在各级党委政府领导和支持下、由各级地方党史方志工作机构负责牵头组织开展的。我室在调研中深刻体会到，乡镇（街道）、村（社区）志的编纂过程既是一个部门的业务推进，也是向各级党委政府汇报地方史志工作转型升级创新发展的形势任务、争取更大支持，解决实际问题的工作契机。二是切实解决好钱从哪里来。郑州市名镇志、名街志、名村志文化工程是郑州市组织推进的一项重点文化项目，我室明确不向乡镇（街道）、村（社区）基层摊派经费增加负担，按照财政分级管理的原则，积极向市政府和财政部门争取项目专项资金，解决编纂出版印刷等各项工作中的费用。各区县（市）负责组织编纂志书初稿的费用，经郑州市党史和地方史志办公室审定、出版社认可达到编辑出版要求后，由我室申请市财政审核拨付。对郑州市名镇志、名街志、名村志丛书编纂出版试行项目化资金管理，明确资金来源，严格预算管理，有助于形成一级抓一级、层层抓落实的长效工作机制。三是形成合力众手成志。要把郑州市名镇志、名街志、名村志丛书打造成为堪存堪鉴的精品志书，仅靠现有的党史方志工作机构是难以实现的。目前，乡镇（街道）、村（社区）志编纂面临的困难是多方面的，既有青黄不接、人才短缺，也有研究不足、经验匮乏。一些社会力量参与到基层志书的编纂工作中，存在着政治站位不高、政策把握不准、水平参差不齐等问题。但是在调研中也看到，社会各界对参与编纂乡镇（街道）、村（社区）志有较高的积极性、主动性，许多基层单位表示愿意借助这项工作打造文化品牌，推动当地经济社会发展。因此，在今后编纂工作中，要坚持从凝聚共识入手，着力形成团结一致、高效运转的强大合力，构建优势互补、复合型、专业化的新型协作体系。

以上是我室在郑州市名镇志、名街志、名村志文化工程中的一些尝试，不足之处敬请批评指正，以便在今后工作中认真加以改进。

中共郑州市委党史和地方史志研究室
2024 年 12 月

凡 例

一、指导思想　以马克思列宁主义、毛泽东思想、邓小平理论、“三个代表”重要思想、科学发展观、习近平新时代中国特色社会主义思想为指导，坚持辩证唯物主义和历史唯物主义的立场、观点和方法，存真求实，全面、客观、系统记述中国名镇城镇化进程和改革开放成果，传承和抢救乡土历史文化，激发爱国爱乡情怀，留住乡愁，为探索中国特色新型城镇化建设、服务乡村振兴战略提供历史智慧和现实借鉴。

二、质量要求　参照中国地方志指导小组印发的《地方志书质量规定》执行。在坚持志体的前提下，体裁运用、篇目设置、资料选择等作适当创新。内容以记载镇域范围内的微观资料为主，详市县志之所略。根据不同类型名镇的特点，记述域内自然、政治、经济、文化、社会的历史与现状，重在突出当地“名”与“特”的内涵，从而达到执简驭繁、文约事丰、易于阅读、利于普及的目的。

三、时间断限　为全面反映入志事物发展脉络，各志上限追溯至事物发端，下限一般断至各镇志启动编修年份，个别重大事项可延至搁笔。详今明古，着重反映时代特色和地方特点，重点体现各镇的“名”与“特”。

四、记述范围　记述地域范围以下限年份的行政辖区为主。为体现名镇在更大区域内的意义，可以从更开阔的区域视野记述与该镇相关的内容。

五、总体结构　统一采用纲目体，设类目、分目、条目三个层次。横排门类，纵述史实。所设类目除《中国名镇志丛书基本篇目》要求的必设内容外，个别事项根据本镇实际情况适当作升格或降格处理。

六、体裁形式　综合运用述、记、志、传、图、表、录等各种体裁，以志体为主。体裁运用适当创新，篇目设置不求面面俱到，一般意义上的乡镇级内容可简略记述。

七、语言文体　除引用文字和附录文献资料外，统一使用规范的现代语体文记述，行文力求朴实、严谨、简洁、流畅，具有较强可读性。

八、人物载录　人物类目设人物传略、名人与 ×× 镇、人物表录等分目。人物传略遵循“生不立传”原则，选录对本镇发展有重大影响者，按生年排序。名人与 ×× 镇记述在政治、经济、文化、社会等方面有重大影响的著名人物（政治家、艺术家等）在本镇的活动历史片段。同时，在其他类目中采用以事系人的方式介绍人物。

九、图照表格　志中随文配图，图下设文字说明，图文并茂。表格统一编排序号。

十、数据　各项数据一般采用国家统计部门数据。数据缺乏的，采用主管部门或主办单位正式提供的数据。

十一、计量单位　采用国务院 1984 年 2 月发布的中华人民共和国法定计量单位。历史上使用的计量单位，如斗、石、里、尺、磅、华氏度等，在引文时照录，并以类目为单位首次出现时应加注。

十二、纪年　中华民国成立前的纪年，使用朝代年号纪年，括注公元年份；中华民国成立后的纪年，均使用公元纪年。志中所称“解放前（后）”，以该镇解放日为界；“新中国成立前（后）”，以中华人民共和国成立日 1949 年 10 月 1 日为界；“改革开放前（后）”，以 1978 年 12 月中共十一届三中全会召开为界。“×× 年代”，凡未加世纪者，均指 20 世纪。

十三、称谓　记事概以第三人称记述。人名直书其姓名，必要时冠以职务职称。地名以现行标准地名为准。如使用历史地名，于首次出现时括注现行地名。各个历史时期的党派、团体、组织、机构、职务等均以当时名称为准。对于称谓过长而又频繁使用者，于首次出现时使用全称并同时括注简称，之后使用简称。

十四、数字、标点　遵循国家标准和出版规定，志中数字书写以 GB/T 15835—2011《出版物上数字用法》为准，使用标点符号以 GB/T 15834—2011《标点符号用法》为准。

十五、注释　行文中的注释，一律采用页下注；附载文章于篇后注明资料来源。

十六、本凡例对于各镇志编纂中的未尽事宜，在“编纂始末”中予以说明。

目 录

乐天故里气象新

LOCAL RECORDS OF CHENGGUAN

洧水 刘栓阳 摄

新郑市城关乡位于新郑市区西部，《诗经·郑风》里的洧水流经这里，春秋战国时期的郑、韩两国都城矗立于此，唐代享有世界级声誉的伟大诗人白居易诞生于斯。这片文脉悠久的土地，在岁月长河中演进发展，成为中华诗词之乡。近现代以来，在中国共产党的坚强领导下，城关乡人民走过百年奋斗历程，实现了从站起来、富起来到强起来的历史性飞跃，一个全面小康、诗意盎然的城关乡在郑州国家中心城市建设的新格局中迸发出勃勃生机。

一

古老的城关，是一部底蕴丰厚的史书。城关乡与新郑市区隔河相望，国道 G107、郑许公路纵贯南北，新密公路、登杞铁路横跨东西，南水北调中线工程穿境而过，具有得天独厚的区位优势。距今约 7000 ~ 8000 年，城关乡及附近地区原始锄耕农业已日臻成熟。5000 多年前，中华人文始祖轩辕黄帝在这里出生、创业、建都。2700 多年前，郑、韩两国先后在此建都长达 539 年，城关乡所在地为郑韩都城的核心区域。自秦设郡县讫始，城关乡辖区包括县城及其周边村庄，是原新郑县的政治、经济、文化中心。悠久的历史，为城关乡留下了丰富的历史文化遗迹。这里的郑韩故城是全国重点文物保护单位，胡庄韩王陵、苗庄韩王陵为战国时期韩国国君陵墓，也是东周时期郑韩故城外围的重要墓地之一。河南省文物考古研究所于 2006 年、2011 年两次对胡庄韩王陵进行发掘，发掘面积达 2.6 万平方米，共清理春秋时期小型墓葬 91 座，殉马坑 1 座；战国中小型墓葬 376 座，殉马坑 4 座。该考古发掘项目被评为“2008 年度全国考古十大发现”“2007—2008 年度全国田野考古奖二等奖”。辖区内有国家级文物保护单位风台寺塔、郑州市级文物保护单位小寨汉墓、郑州市级文物保护单位王寨村王氏祠堂、新郑市级文物保护单位郑武公陵等历史建筑。

二

文化的城关，是一部韵味悠长的诗集。远在春秋时期，生活在这片土地上的郑国先民们，在连年战乱的颠沛流离中，抒发着对美好生活的向往和追求。《诗经·郑风》中有 21 首脍炙人口的民歌广为传唱，被誉为东方最美的爱情诗。唐代，风景秀丽的东郭里（今新

白居易故里——东郭寺村　刘栓阳 摄

郑市城关乡东郭寺村）吸引巩县县令白锽在此定居。大历七年（772 年）正月二十日，诗人白居易出生在东郭宅。在这里，白居易度过了美好的童年时光，直到十一岁时因避乱举家南迁。从六七月时略识之无，到五六岁时开始学诗，再到九岁时谙识声韵，少而聪慧的白居易在这里接受文化的熏陶，于潜移默化之中涵养了对诗歌一生的热爱与坚守。太和二年（828 年），白居易从苏州卸任返回洛阳，途中特地取道新郑，回到阔别 44 年的出生之地，眷恋故里乡情，感慨岁月不居，留下了《经溱洧》《宿荥阳》两首诗作。会昌六年（846 年），75 岁的白居易自作《醉吟先生墓志铭》，他写道："大历七年正月二十，生于郑州新郑县东郭宅。""穷则独善其身，达则兼济天下"不仅是白居易的人生写照与精神丰碑，也感召了一代又一代城关人爱国爱乡、传承创新。历经千年，东郭宅遗址已经被岁月的风尘掩埋在东郭寺小学的操场下，白居易所留下的不朽诗文代代相传，成为城关乡宝贵的文化财富。近年来，城关乡倾心打造白居易故里，举办一年一度的白居易诗词文化节、文化季，大力推动诗词文化进校园、进社区。白居易故里恢复重建，白居易故里文化节成功举办，白居易故里文化成为新郑市的又一文化亮点。在各方面的共同努力下，城关乡于 2019 年成功创建中华诗词之乡（河南省诗词学会授予）。诗人白居易笔下的旧居故里之地，在岁月的长河中嬗变，在历史的演进中发展，积淀出悠久的诗风文脉。

三

奋斗的城关，是一部波澜壮阔的史诗。晚清及民国时期，城关乡辖区沟壑纵横，高岗绵延，土地贫瘠，水利条件差，正常年景，良田小麦亩产仅 40 ~ 60 公斤，灾荒年景基本绝收。这一时期，城关的工业基础也极其薄弱。中华人民共和国成立后，围绕农业发展，城关乡党委政府带领群众大搞农田水利基本建设，粮食生产能力稳步提高。1980 年，城关人民公社粮食总产量 2.03 万吨，2016 年，城关乡粮食总产量达 3.307 万吨。2023 年，城关乡粮食总产量共计 1.5 万吨，根据实收测产结果，夏粮亩均产量达到 1 吨，圆满实现 2023 年夏粮丰产丰收；秋季积极开展玉米蚜虫、夜蛾等病虫害防治工作，秋粮亩均产量达到 1.1 吨；推广大豆玉米带状复合种植 3137 亩圆满成功，累计增收大豆 500 吨，为下一步推广大豆玉米复合种植提供了技术积累，得到中央电视台《新闻直播间》宣传报道。在时代大潮中，城关的工业经济走过了不平凡的发展之路。1958 年，城关人民公社办起养蜂厂。1970 年后，社办企业迅速发展。党的十一届三中全会以来，城关乡的工业发展

敬楼村体育公园　刘栓阳 摄

史，犹如一部波澜壮阔的创业史诗。1980 年后，兴办起防水材料预制厂、电器开关厂、机械厂、食品厂、服装厂等。20 世纪 90 年代，新郑电厂落地城关，西关工业区随之建立，城关乡工业企业飞速发展，产值、利润逐年攀升，一度成为新郑市经济发展的排头兵，1995 年，被评为河南省发展乡镇企业先进乡（镇）。2012 年，积极构建“一城两区”的发展格局，荣获河南省百强乡镇、郑州市乡域经济发展“十快”乡镇。2015 年，乡域经济综合实力连续八年位居河南省百强乡镇行列。2020 年，围绕镇区产业转型，加速推进敬楼体育公园、西城体育公园、西城中学、西城商贸中心、镇区核心区基础设施建设等项目建设。2023 年，围绕市委“1136”工作布局，聚焦新郑市三大主导产业大力开展招商引资，顺利落地项目 2 个，签约项目 3 个。

四

进入新时代的城关，朝着现代化的目标逐梦前行。党的十八大以来，城关乡党委、政府坚持以习近平新时代中国特色社会主义思想为指导，深入贯彻“创新、协调、绿色、开放、共享”发展理念，按照“主动融入城区、承接产业转移、构筑发展体系、打造美丽西城"的工作思路，大力推动产业转型升级，深入实施乡村振兴战略，呈现出三化协调、城乡融合、质量齐升的良好局面，着力打造美丽城关、魅力西城。

党建统领推进乡村振兴，2023年，在原有党建引领网格化基层治理平台职能基础上，将乡镇管理等各项领域整合，把三级网格作为基层管理服务单元，实现平台统一指挥、社会治理"一张网"。

2023年财政收入完成1499万元，规模以上工业总产值3185万元，新入库固定资产投资项目12个，累计完成投资额4.8亿元，社会消费品零售额累计完成3.9亿元，居民人均可支配收入达到29794元，限上单位零售额同比增速122.6%，全年入库企业3家，其中零售业（2家），餐饮业（1家）。

调整区域功能布局，盘活闲置荒地、闲置厂房、闲置学校、闲置村部、闲置宅院"五闲资源"，将闲置资源优先用于村级公共服务配套设施建设，因地制宜推进"五小项目"（小食堂、小厕所、小浴室、小图书室、小运动场），补齐治理短板，推动产业转型升级，新的经济增长点不断涌现，发展后劲持续增强。

民生项目扎实推进，北苑南路、凤台路、轩辕西路、蓝晶路等4条道路已完成沥青路面铺设，蓝晶路南延段工程已完成招标，居易三期主体、天然气、雨污水、给水管网、道路铺装等工程已完工，极大地改善了居民的生产生活水平。

坚持精准扶贫、精准脱贫，通过"扶、保、救"多措并举，全乡省级和市级贫困户已全部脱贫，建档立卡户中有劳动能力者均已就业，切实为贫困户解决生活中存在的困难，有效地防止了返贫现象。

坚决扛起生态环保政治责任，建立企业大气污染防治台账，实行台账动态管理，开展专项治理，确保大气污染防治各项目标要求落实落地。

以群众喜闻乐见的形式广泛开展文化娱乐活动，组建了舞狮、舞龙、秧歌等各类文艺工作队14支，积极开展文化进万家、广场舞培训、蒸寿糕比赛、端午粽子情等活动，不断满足群众精神文化需求。

千年诗韵，绵延不绝；百年奋斗，翻天覆地。在新时代发展的新征程中，城关乡把握新发展阶段，贯彻新发展理念，融入新发展格局，着力打造更加美丽、更有韵味的中华诗词之乡，为这片土地注入更加坚定的文化自信，增添着无穷的魅力，描绘着更加美好的未来。

基本乡情

城关乡地处河南省会郑州南40公里，国道G107、郑许公路纵贯南北，国道G343、登杞铁路横跨东西；辖区内有华中电网变电站，国家南水北调中线工程途经城关乡6公里。辖区面积40平方公里，下辖大周庄、胡庄、乔庄、端庄、沟张、王刘庄、官庄、张庄、小占庄、高皮匠、薛庄、东郭寺、敬楼、西贾庄14个行政村，65个自然村，112个村民组，2023年户籍人口3.75万人。

LOCAL RECORDS OF CHENGGUAN

建置区划

乡名由来

县治所（县政府所在地）修筑有城墙，外围修筑有外郭城（外城墙），由于进出县城必须通过城门（关），人们习惯把城外靠近城门一带的地方称为城关或城厢，城关乡由此得名。1958 年 8 月，建立城关人民公社。1961 年 7 月，设城关区。1983 年 4 月 29 日，城关人民公社改名城关乡。

建置沿革

清乾隆四十一年（1776 年）《新郑县志》载：西路自西关起，双洎河无村庄。西路靳固保统村庄 19 处：西河岸、大周庄、小周庄、靳家洞、小胡庄、苏家洞、大鲍庄、贾家

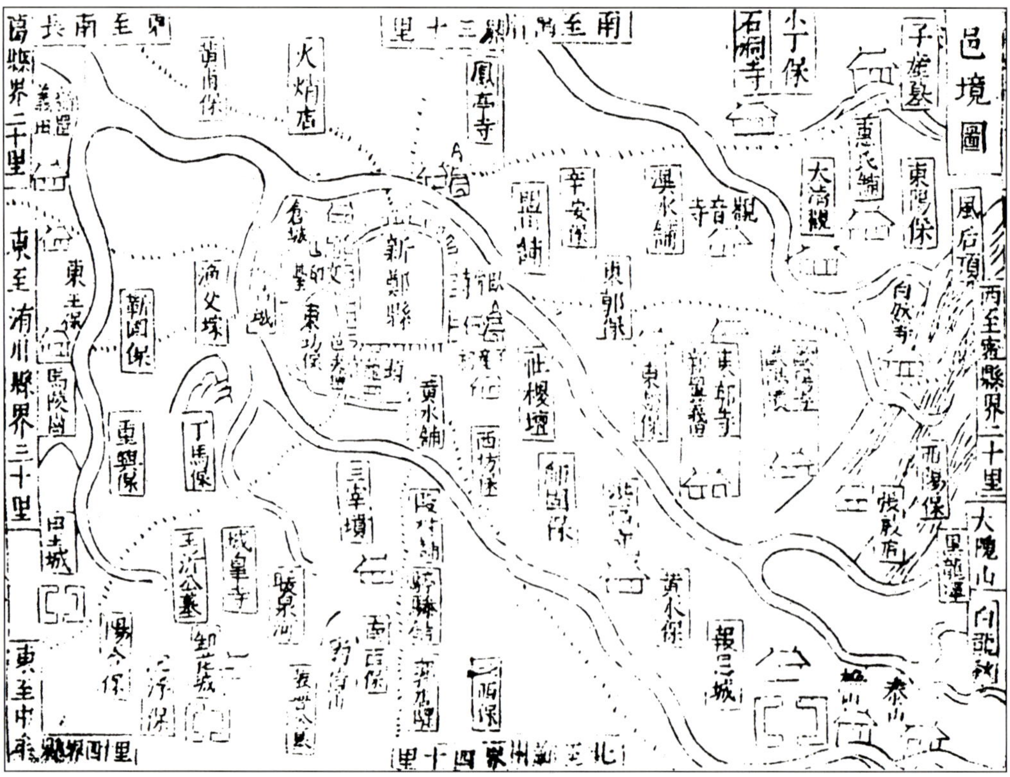

清顺治十六年（1659 年）《新郑县志》邑境图中的城关乡

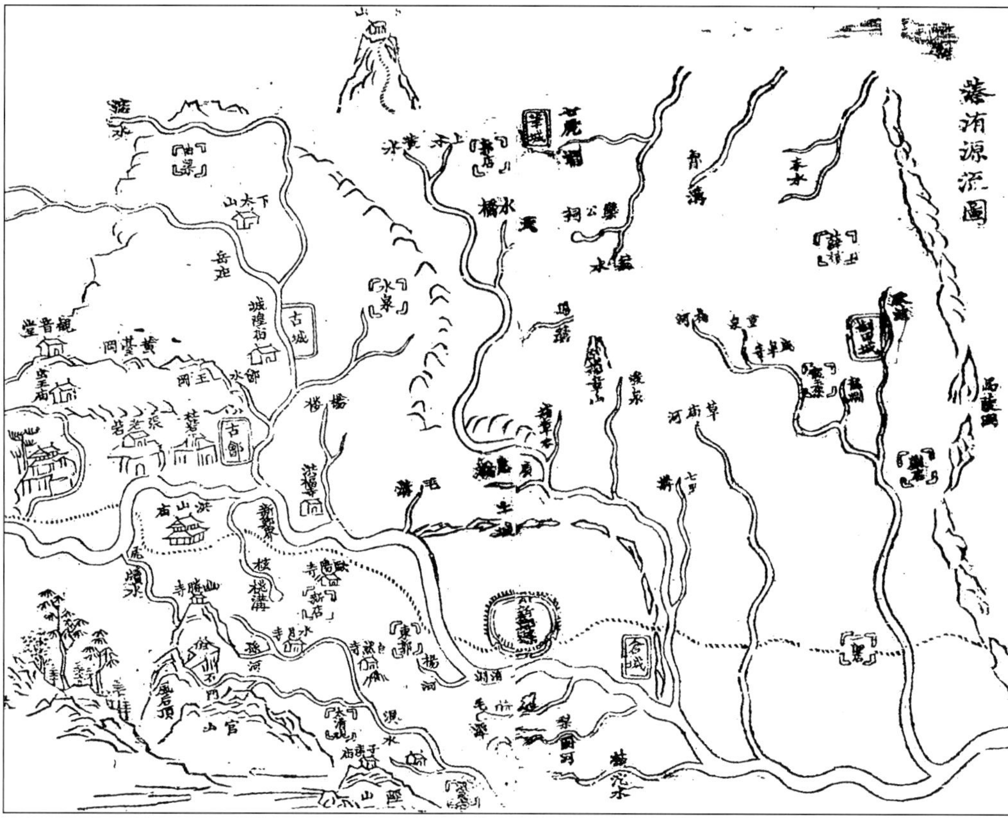

清乾隆四十一年（1776 年）《新郑县志》中的城关乡

庄、敬家楼、秦家楼、杨家庄、苏家庄、马家楼、沟张庄、曹家庄、史家庄、毛家庄、端家庄、马家庄。西路东郭保统村庄 23 处，集镇 1 处。东郭集、吴王庄、张家楼、东吕庄、李家楼、孟铁庙、刘家庄、西官庄、西新寨、马家寨、吕家庄、小刘庄、半坡赵、皮匠庄、薛家庄、西王庄、东王庄、闵家庄、曹家庄、后门张、小冯庄、草场沟、范家庄、小苗庄。

1928 年，新郑县划为东（高夏）、西（辛店）、南（观音寺）、北（山包嶂山）、中（城关）5 个区，属新郑县中区。

1935 年，新郑县区划调整，由 5 个区合并为第一区（县城）、第二区（太清）、第三区（薛店）3 个区，原 21 个联保合并为 9 个乡和城厢镇，属第一区。

1947 年 1 月，新郑县调整为辛店、高夏、郭店、太清 4 个乡和城厢镇。8 月，恢复 9 乡 1 镇。

1948年10月，新郑解放。新郑县人民政府成立，设城关、大杨庄、辛店、溟水寨、高夏5个区。

1949年10月1日，中华人民共和国成立，新郑县行政区划为5个区，城关区人民政府成立，区政府驻址在县城南街，属城关区。

1950年，土地改革开始，全县划分为6个区，城关区改称为新郑县第一区。

1955年9月，撤销城关区。原城关区双洎河以东归属车站区，双洎河以西归属辛店区。建立东郭寺中心乡，乡政府驻地在东郭寺村内，辖10个高级农业合作社：青锋第一高级社（东郭寺）、青锋第二高级社（东敬楼）、青锋第三高级社（西敬楼）、青锋第四高级社（薛庄）、青锋第五高级社（刘庄）、青锋第六高级社（小占庄）、青锋第七高级社（官庄）、青锋第八高级社（胡庄）、青锋第九高级社（端庄）、青锋第十高级社（周庄）。

1956年12月1日，新郑县撤销中心乡，全县划分为26个乡1个镇。东郭寺中心乡更名为东郭寺乡。

1958年5月，新郑县进行机构调整，设14个乡1个镇。行政机构仍设人民委员会。撤销东郭寺乡建立官刘庄乡，乡政府驻地官刘庄。

1958年8月，人民公社化后，实行政社合一。全县划为8个人民公社，即城关、梨园、辛店、观音寺、高夏、薛店、郭店、小乔，属城关人民公社。

1961年7月，全县划分为6个区，城关人民公社改为城关区，设立区公所，属城关区。

1963年2月，城关区公所撤销，4月，城关区建制撤销，重新建立城关人民公社，属城关人民公社。

1983年4月，城关人民公社改名城关乡。

辖区变迁

1959年3月，梨园人民公社并入城关人民公社。城关人民公社辖：王毕庄、沟嘴、小马庄、梨园、吴庄、苟郑、水泉、鲍家、杨湾、于庄、云湾、二十里铺、西街、南街、北街、东街、毛园、傅庄、车站、泥河张20个大队。

1961年7月，全县划分为6个区，城关人民公社改为城关区，设立区公所，下辖6个小公社：城关、车站、苟郑、文士湾、新村、胡庄。

1963年2月，城关区公所撤销。4月，城关区建制撤销，重新建立城关人民公社，设立人民公社管理委员会。城关人民公社下辖28个大队：官刘庄、小占庄、薛庄、东郭寺、大周庄、端庄、刘庄、张庄、胡庄、敬楼、西贾庄、新村、吴庄、于庄、二十里铺、梨园、王毕庄、郝家岗、小高庄、郜庄、阁老坟、张龙庄、文士湾、鲍家、云湾、戴湾、水泉、孙庄。

1966年，城关人民公社辖区进一步扩大，下辖33个大队：七里阎、河李、三里岗、双龙寨、白庙范、小高庄、张龙庄、阁老坟、新村、高千庄、赵庄、二十里铺、王毕庄、郝家岗、梨园、吴庄、孙庄、水泉、鲍家、文士湾、戴湾、云湾、大周庄、端庄、胡庄、刘庄、张庄、官刘庄、小占庄、东郭寺、薛庄、敬楼、西贾庄。

1974年2月7日，经开封地委批准，建立新村公社革命委员会。把城关人民公社北部的新村、高千庄、赵庄、二十里铺、王毕庄、郝家岗、梨园、吴庄、孙庄、水泉、鲍家、文士湾、戴湾、云湾14个大队划归新村人民公社。同时，将城关镇和观音寺公社大高庄大队划归城关人民公社，城关人民公社下辖25个大队。

1975年春，建立梨河人民公社，将原属城关人民公社的七里阎、河李、三里岗、大高庄4个大队划归梨河人民公社，原大高庄大队的乔庄村、沟张村留在城关人民公社，并分别建立大队。杜庄、头甲王两村从张庄大队分离出来，分别建立杜庄大队和头甲王大队。将高皮匠村和王好庄村从薛庄大队分离出来，建立高皮匠大队。城关人民公社下辖26个大队：东关、东街、南街、北街、西街、双龙寨、白庙范、小高庄、张龙庄、阁老坟、大周庄、胡庄、乔庄、端庄、沟张、王刘庄、官庄、张庄、小占庄、高皮匠、薛庄、东郭寺、敬楼、西贾庄、杜庄、头甲王。

1976年，杜庄、头甲王两个大队重新并入张庄大队，城关人民公社下辖24个大队。

1980年8月，城关镇人民政府恢复。东关、东街、南街、北街、西街5个大队从城关人民公社划归城关镇。城关人民公社管辖双龙寨、白庙范、小高庄、张龙庄、阁老坟、大周庄、胡庄、乔庄、端庄、沟张、王刘庄、官庄、张庄、小占庄、高皮匠、薛庄、东郭寺、敬楼、西贾庄19个大队。

1983年4月，城关人民公社改名城关乡，原生产大队改名为行政村。

1997年，全市设10镇4乡，为城关镇、薛店镇、龙湖镇、和庄镇、孟庄镇、辛店镇、郭店镇、观音寺镇、梨河镇、新村镇、城关乡、八千乡、龙王乡、千户寨乡。城关乡辖双龙寨、白庙范、小高庄、张龙庄、阁老坟、大周庄、胡庄、端庄、王刘庄、乔庄、沟张、西贾庄、敬楼、东郭寺、薛庄、高皮匠庄、小占庄、官刘庄、张庄 19 个行政村。

2002 年，新郑市区设新烟路、新华路、新建路 3 个办事处。将城关乡双龙寨、白庙范、小高庄、张龙庄、阁老坟 5 个行政村划出。其中，双龙寨、白庙范、小高庄、张龙庄 4 个行政村划归新华路办事处，阁老坟行政村划归新建路办事处。至此，城关乡辖大周庄、胡庄、乔庄、端庄、沟张、王刘庄、官庄、张庄、小占庄、高皮匠、薛庄、东郭寺、敬楼、西贾庄 14 个行政村。

村 庄

胡庄村 位于城关乡政府驻地西 2 公里，辖胡庄、小寨、暴庄、徐庄 4 个自然村 6 个村民小组，611 户 2787 人，总面积 4.03 平方公里。1958 年，组建胡庄大队；1976 年，大队部迁至胡楼村；1983 年，改设胡庄村委会；1985 年，村庄规划时，胡庄村与胡楼村合为一村，村委会驻地胡庄村。

胡庄村 刘栓阳 摄

王刘庄村 位于城关乡政府驻地西北 4.6 公里，辖王刘庄、王寨、王老庄、田庄 4 个自然村 6 个村民组，622 户 2708 人，总面积 3.22 平方公里。1958 年，组建大队，原名刘庄大队；1981 年，地名标准化处理时，因与龙王乡刘庄大队重名，更名为王刘庄大队；1983 年，改设村委会，村委会驻王刘庄村（自然村）。2022 年，王刘庄村被中共新郑市城关乡委员会评为先进基层党组织。

张庄村 位于城关乡政府驻地西北 5.3 公里，辖张庄、杜庄、小杜庄、丁家庄、头甲王、小李庄 6 个自然村 13 个村民组，726 户 3108 人，总面积 3.73 平方公里。1958 年，组建张庄大队，1983 年，改设张庄村委会。村委会驻张庄村（自然村）。

官刘庄村 位于城关乡政府驻地西 3.5 公里，下辖官刘庄、官庄、岳庄 3 个自然村 8 个村民组，585 户 2617 人，总面积 2.76 平方公里。1958 年，组建大队；1963 年，和小占庄大队合并为小占庄大队，1964 年，分出，恢复官刘庄大队；1983 年，改设村委会，村委会驻官刘庄村（自然村）。官刘庄村名来历：清初有刘姓人家在此耕种县衙官地，故名官刘庄。2021 年，官刘庄村被中共新郑市委员会评为先进基层党组织，2022 年，官刘庄村被中共新郑市城关乡委员会评为先进基层党组织。

王刘庄村　刘栓阳 摄

张庄村　刘栓阳 摄

官刘庄村　刘栓阳 摄

小占庄村　刘栓阳 摄

小占庄村　位于城关乡政府驻地西 6 公里，辖小占庄、曹庄、马寨 3 个自然村 11 个村民组，824 户 3709 人，总面积 3.44 平方公里。1958 年，组建大队，队部设在小占庄（自然村）；1983 年，改设村委会；2022 年，小占庄村被中共新郑市城关乡委员会评为先进基层党组织。

高皮匠村　位于城关乡政府驻地西南 8.5 公里，辖高皮匠、王好庄两个自然村 8 个村民组，323 户 1334 人，总面积 1.45 平方公里。1975 年，从薛庄大队分出组建高皮匠大队；1983 年，改设村委会，村委会驻地高皮匠村（自然村）。

薛庄村　位于城关乡政府驻地西南 8 公里，辖薛庄、苗庄、王安庄 3 个自然村 7 个村民组，391 户 1597 人，总面积 2.05 平方公里。1958 年，组建大队；1983 年，改设薛庄村委会，村委会驻地薛庄村（自然村）。2022 年、2023 年连续两年，薛庄村被中共新郑市城关乡委员会评为先进基层党组织。

东郭寺村　位于城关乡政府驻地西南 6.3 公里，辖东郭寺、后门张、李楼、颜庄、孟天庙 5 个自然村 8 个村民组，923 户 4097 人，总面积 3.94 平方公里。1958 年，组建大队，大队部驻东郭寺村（自然村）；1983 年，改设东郭寺村委会。2021 年，河南省爱卫会命名东郭寺（行政村）为省级卫生村。2021 年，郑州市林业局确定城关乡东郭寺（行政村）

高皮匠村　城关乡人民政府 供图

薛庄村居易新城社区　刘栓阳 摄

东郭寺村　刘栓阳 摄

为郑州市森林乡村。

敬楼村　位于城关乡政府驻地西 5 公里，辖小张楼、吴王、吕庄、西敬楼、东敬楼 5 个自然村 7 个村民组，662 户 2879 人，总面积 3.24 平方公里，1958 年，组建敬楼大队；1983 年，改设敬楼村委会，村委会驻敬楼村。2021 年，河南省爱卫会命名敬楼村为省级卫生村。2023 年 9 月，河南省乡村建设行动专项小组批准确定城关乡敬楼村为河南省第一批乡村建设示范村。中共新郑市城关乡敬楼村支部委员会 2022 年、2023 年连续两年获评郑州市委组织部“五星”支部。2023 年，获评新郑市清廉建设先进示范点“清廉村居”。2023 年，敬楼村被中共新郑市委员会评为先进基层党组织。

西贾庄村　位于城关乡政府驻地西南 3.3 公里，辖西贾庄、史庄、大毛庄、闵沟、刘庄、王庄、小赵庄、董吕庄 8 个自然村 10 个村民组，819 户 3417 人，总面积 2.16 平方公里。1958 年，组建贾庄大队，1980 年，地名普查时因与观音寺公社贾庄大队重名，更名为西贾庄大队。1983 年，改设西贾庄村委会，村委会驻西贾庄村（自然村）。2023 年，郑州市林业局确定城关乡西贾庄村为郑州市森林乡村。

端庄村　位于城关乡政府驻地西南 1.8 公里，辖范庄、端庄、兰庄、苏庄、杨庄 5 个自然村 7 个村民组，439 户 1936 人，总面积 2.15 平方公里。1958 年，组建端庄大队；1978 年，改设端庄村委会，村委会驻端庄村（自然村）。2023 年，郑州市林业局确定城关乡端庄村

敬楼村　刘栓阳 摄

西贾庄村　刘栓阳 摄

端庄村　刘栓阳 摄

为郑州市森林乡村。

大周庄村　位于城关乡政府驻地西 1.5 公里，辖秦楼、大周庄、小周庄、靳垌 4 个自然村 7 个村民组，682 户 2921 人，总面积 2.49 平方公里。1958 年，组建大周庄大队；1981 年，地名标准化处理时，因与梨河公社周庄大队重名，更名为大周庄大队。1983 年，改设大周庄村委会，村委会驻大周庄村（自然村）。2021 年，获评郑州市园林社区；2021 年、2022 年连续两年被中共新郑市委员会评为先进基层党组织；获评新郑市 2021 年度国家卫生城市复审工作先进社区；获评 2022 年度郑州市综合减灾示范社区。

沟张村　位于城关乡政府驻地西南 1 公里，辖沟张、马楼、包庄、小李庄 4 个自然村 8 个村民组，603 户 2608 人，总面积 2.88 平方公里。1974 年，从大高庄大队分出组建大队，1983 年，改设沟张村委会，村委会驻沟张村（自然村）。2022 年，被中共新郑市城关乡委员会评为先进基层党组织。

乔庄村　位于城关乡政府驻地东南 1 公里，辖杨河、三里堂、乔庄、烈礓坡、侯家台、李垌 6 个自然村 6 个村民组，385 户 1773 人，总面积 1.37 平方公里。1958 年，组建乔庄大队；1973 年，与大高庄大队合并；1974 年，从大高庄大队分出组建大队；1983 年改设乔庄村委会，村委会驻乔庄村（自然村）。

大周庄村　刘栓阳 摄

沟张村　城关乡人民政府 供图

乔庄村　城关乡人民政府 供图

自然环境

地理位置

城关乡位于新郑市区西部，东隔双洎河与新郑市区相望，东南与梨河镇相连，南与观音寺镇毗邻，西靠辛店镇，北与新村镇相邻。

地质地貌

地　层

下古生界

寒武系　上部为灰色泥质条带白云质结晶灰岩，中部为灰色鲕状灰岩夹薄层页岩及细砂岩，下部为灰色石灰岩夹砂质页岩，厚 623 米，分布于高皮匠村、薛庄村、小占庄村、张庄村等城关乡西部地区。

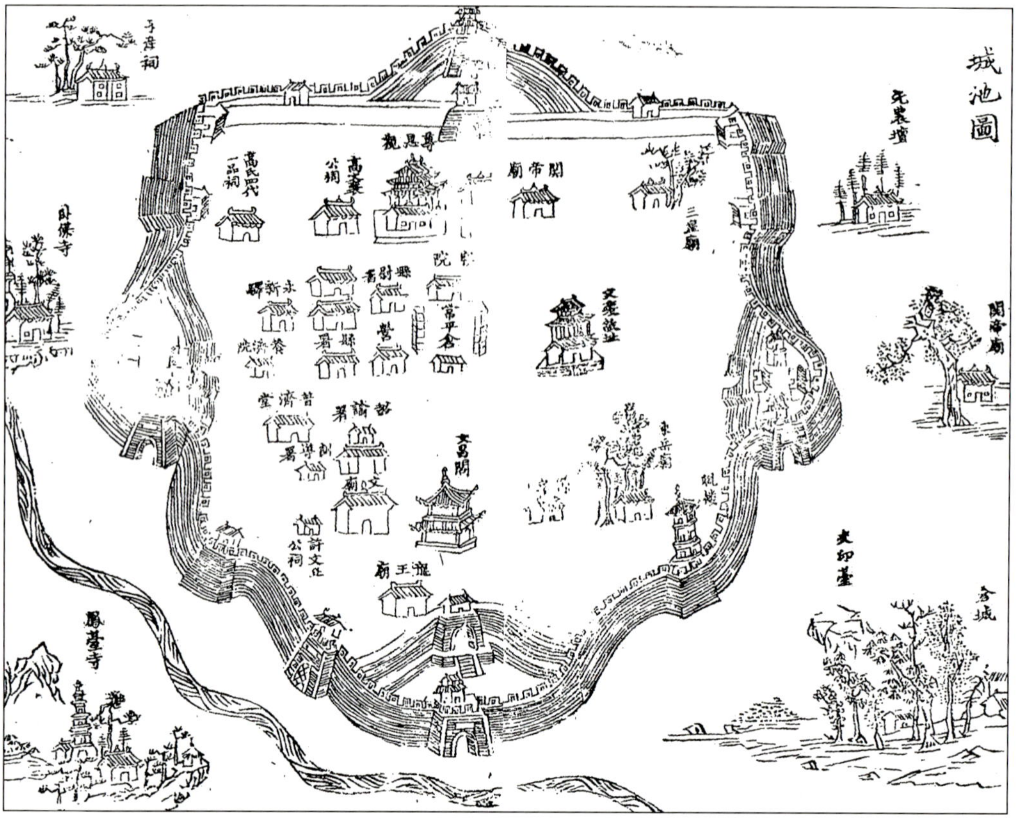

清乾隆四十一年《新郑县志》中的城关乡位置示意图

奥陶系 为浅灰色、蓝灰色白云质灰岩，局部裂隙、溶洞发育，含水丰富，为裂隙溶洞承压水，厚262米，在胡庄村、官刘庄村等地，煤田钻井成为自流井，温度20℃～40℃，是一种很好的地热资源。

上古生界

上古生界的石炭系、二叠系为主要含煤岩系，赋存有一1、二1、二3、六4四层主要可采煤层。

石炭系 上部为灰色、深灰色石灰岩，砂质泥岩，细砂岩夹煤层，下部为紫灰、青灰色铝土岩，黏土岩，具鲕状或豆状结构，厚94米。一1煤层赋存于石炭系下部，煤厚1米左右。其埋藏较深且含硫量较大。

二叠系 主要为灰色、灰绿色、紫红色泥岩，砂质泥岩及灰白色、黄绿色中、细粒砂岩。六4煤层赋存于二叠系的上部，煤厚1米左右，灰分相对较高。二1、二3煤层赋存于二叠系底部，煤厚分别为 5 米、1.5 米，煤质优良，资源储量丰富，是良好的动力及民用煤，赵家寨煤矿和王行庄煤矿设计开采这两层煤。

第三系 为紫红色黏土、砾石、流砂互层，其中砂砾石为含水层，厚 248 米，分布于双洎河两岸。

第四系 为黄土、砂砾石层，孔隙潜水，厚 41 米，分布于敬楼村、薛庄村、高皮匠村、小占庄村、张庄村一带。

构 造

滹沱背斜 东南起自城关乡杨河（自然村），经杨庄、小董庄、官刘庄、梁沟、赵沟、袁集、西土桥，在马安垌与大隗断层相交，呈东南—西北向延展。在轴线两侧岩层倾向相反，倾角 10° ~ 25° ，掩埋于双洎河河谷平原之下。

新郑向斜 分布于新郑县城南关，沿双洎河上游城关乡小寨村（自然村），掩埋于双洎河河谷平原之下。

城关乡地形 刘栓阳 摄

城关乡地形　刘栓阳 摄

欧阳寺断层　西起辛店镇贾岗、经丁庄、欧阳寺、苗庄、王行庄，于东郭寺和辛店断层相交。断层走向由西北到东南，倾向东北，高角度正断层。该断层是赵家寨煤矿和王行庄煤矿的分界线。

界牌断层　西起新密市小侯庄、经冢岗、赵家寨、香坊门外、王行庄，于薛庄和王行庄支断层相交。断层走向由西北到东南，倾向东北，高角度正断层。

地　形

城关乡处于华北平原、豫西山地向豫东平原过渡地带，地势西高东低，辖区海拔为 110 ~ 150 米。地貌类型有岗地和平原，大部分为新生代第四纪黄土覆盖。岗地集中在西部，薛庄村、敬楼村、张庄村等，系早期山前洪积倾斜平原，经后期流水切割作用形成。主要的岗地有薛庄村西岗、吕庄村南岗、张庄村东北部的火龙岗等。平原集中在东郭寺村、官刘庄村以东村庄，土地肥沃，属双洎河冲积平原。

城关乡平原　刘栓阳 摄

气　候

城关乡属暖温带大陆性季风气候。冬半年受冬季风控制，多刮北风，下半年受夏季风控制，多刮南风，全年平均风速为2.1米/秒。冷暖适中，四季分明。春暖、夏热、秋爽、冬寒。年平均气温14.3℃，极端最高气温为42.5℃，极端最低气温为-17.9℃。年均日照时数为2114.2小时。1971—2000年中平均降水量为676.1毫米。年均霜期为152天。

河　流

双洎河

双洎河，古称洧水。源出今河南省登封市阳城山，由西向东流经新密市、新郑市后转向东南，在梨河镇黄湾村出境，在周口市扶沟县曹里乡摆渡口村北入贾鲁河。

1958 年新郑县双洎河修桥造坝委员会留念

双洎河在城关乡境内长度 10.67 公里。新郑西关闸以上全流域面积为 1120 平方公里，新郑境内流域面积为 240 平方公里。河道最大口宽为 300 米，平均口宽 150 米，最小口宽 120 米，河床宽度为 10 ~ 30 米，正常河水流量 2 立方米 / 秒。平均水深 0.5 米，两岸河槽高为 10 ~ 25 米，河底比降 1/1200 ~ 1/200，河底岩性为沙壤土，最大洪水流量十年一遇 600 立方米 / 秒，1986 年，洪峰流量 40 立方米 / 秒，2001 年，流量 3.1 立方米 / 秒。2000 年，汛期由于上游新密境内小水库垮坝，造成水文站测出双洎河洪峰流量高达 436 立方米 / 秒，为 1953—2005 年第九大洪峰流量。20 世纪 70—90 年代，沿河两岸污染严重。1997 年 2 月，对双洎河城区段进行治理，水质开始好转。

土 壤

据土壤普查统计，城关乡有 3 个土类，8 个亚类，20 个土属，40 个土种。

褐土类 包括褐土、碳酸盐褐土、淋溶褐土、潮褐土和褐土性土 5 个亚类；立黄土、垆土、红黄土、覆砂立黄土、堆垫土、白面土、二潮黄土、潮垆土、覆砂潮褐土、坡黄

双洎河 刘栓阳 摄

土、砂石渣土、灰石土、褐土性土、褐土性黄土、红黏土 15 个土属；黑瓣土、潮红垆土、红黄土、砂性白面土等 30 个土种。

潮土类 包括黄潮土、褐土化潮土 2 个亚类；砂土、褐土化砂土、褐土化两合土 3 个土属；砂土、砂壤土、褐土化砂壤土、褐土化体壤砂壤土、褐土化底壤砂壤土、褐土化小两合土 6 个土种。

风砂土类 有冲击性风砂土 1 个亚类；半固定砂丘风砂土、固定砂丘风砂土 1 个土属；半固定砂丘紧砂风砂土、半固定砂丘松砂风砂土、固定砂丘面砂风砂土、有底固定砂丘紧砂风砂土 4 个土种。

自然资源

物 产

城关乡位于北温带向亚热带，豫西山地向豫东平原过渡地带，气候多样，地貌多变，生物资源具有多样性。

植　物　主要农作物为小麦、大麦、荞麦、谷子、玉米（俗称玉蜀黍）等；蔬菜有黄瓜、菜瓜、南瓜、冬瓜、笋瓜、莴苣（莴笋）、白菜、菠菜、大葱、韭菜等；林木有泡桐、梧桐、杨、榆、楸、楝、国槐、洋槐（刺槐）、柳、桑、香椿、皂角树、构树等。灌木有毛竹、白蜡条、荆条、酸枣、艾草等；果木有枣、桃、杏、李子、柿、石榴、葡萄、樱桃、蜜果、梅子、苹果、核桃、山楂、橘子、棠棣、君迁子（软枣）、花椒、沙梨、白梨、柑、银杏（白果）、棠梨等。花卉有牡丹、海棠、夹竹桃、冬青、桂花、蜡梅、木槿、紫荆、迎春、丁香、碧桃、芭蕉、紫薇花、月季、芍药、荷花、水仙花、虞美人等。

动　物　家畜有牛、驴、骡、马、猪、羊、狗、猫、貂、兔、荷兰鼠等；家禽有鸡、鸭、鹅、鸳鸯、鸽、鹌鹑等。

麦田　刘栓阳 摄

小麦　刘栓阳 摄

艾草　刘栓阳 摄

土地资源

城关乡总面积 60137.1 亩。其中，耕地面积 46405.25 亩，建设用地面积 13347 亩，其他面积 384.85 亩。

矿产资源

城关乡区域内固定矿产以沉积矿产为主，矿产资源包括煤、黏土矿，还赋存着丰富的地热资源。资源格局以煤为主，煤区主要集中于小占庄、官刘庄、薛庄等行政村区域内。王行庄煤矿年设计生产能力为 120 万吨 / 年，赵家寨煤矿年设计生产能力为 300 万吨 / 年，主要产煤区域集中在城关乡西部，两座煤矿均已投入正常生产。

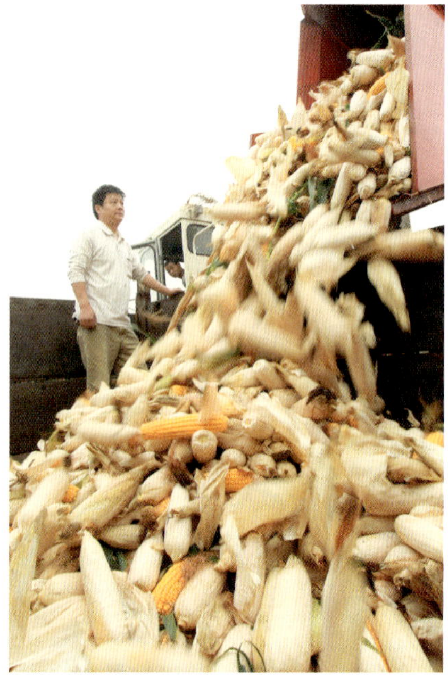

玉米　刘栓阳 摄

人口民族

人口总量

2000 年，第五次全国人口普查，辖区共有 18965 户 70217 人，其中男 37017 人、女 33200 人。年龄构成为：0 ~ 14 岁 17572 人，约占总人口的 25.03%；15 ~ 64 岁 48524 人，约占总人口的 69.1%；65 岁及以上 4121 人，约占总人口的 5.87%。

2002 年，双龙寨、白庙范、小高庄、张龙庄、阁老坟 5 个行政村划归市区，城关乡人口数减少。

2010 年，第六次全国人口普查，辖区共有 7843 户 29150 人，其中男 15101 人、女 14049 人。年龄构成为：0 ~ 14 岁 4593 人，约占总人口的 15.76%；15 ~ 64 岁 21928 人，约占总人口的 75.22%；65 岁及以上 2629 人，约占总人口的 9.02%。

2020 年，第七次全国人口普查，辖区共有 8286 户 26708 人，其中男 14490 人、女 12218 人。年龄构成为：0 ~ 14 岁 4736 人，约占总人口的 17.73%；15 ~ 64 岁 17919 人，约占总人口的 67.09%；65 岁及以上 4053 人，约占总人口的 15.17%。

2015 年，城关乡总人口 29943 人，其中，男性 14438 人，占总人口的 48.2%；女性

15505人，占总人口的51.8%。2003—2023年，城关乡户籍人口数一直维持在3.7万人左右，趋于平稳。

民族构成

据新郑市统计局人口统计：2023年，城关乡户籍人口37491人，其中汉族37441人，回族37人，壮族6人，侗族3人，彝族2人，土家族1人，纳西族1人。

主要姓氏

城关乡的主要姓氏有69个：敬、张、王、李、曹、冯、岳、苗、陈、吴、周、唐、赵、高、刘、丁、颜、宋、胡、秦、侯、许、薛、乔、杨、梁、余、云、杜、董、路、任、范、苏、柳、彭、阎（闫）、牛、马、白、黄、郭、荆、安、樊、鲁、闵、郑、师、时、史、司、裴、靳、林、田、蔡、郝、吕、龚、万、邵、暴、徐、邹、尹、燕、朱、边。

社会发展

科技科普

20世纪90年代，城关乡积极引导乡镇企业走科技兴企之路，通过引进人才、引进技术、培训职工、自主研发、技术改造等方法，使企业装备水平、产品科技含量、经济效益不断提升，涌现出一批名牌产品和科技型企业。1996年，郑州京新化工工业有限公司，从北京引进两名高级专业技术人才，研发出新一代JX—03透明包装胶，填补河南省专业技术空白。1998—2000年，新兴陶瓷有限公司先后投资850万元改造三条辊道窑生产线窑炉，变烧煤为烧油，并研发出节水无臭防漏坐便器。

瓜果观光农业，普及农业科学知识
刘栓阳 摄

无人机喷洒农药　刘栓阳 摄

2000—2023 年，城关乡人民政府整合社会资源，建设乡文化服务中心和村级文化大院，利用各种文化设施对辖区居民开展科普知识宣传教育，培训内容主要有家庭教育、现代农业种植技术、养殖技术、卫生保健及疫病防治、职业技能提升等。

学校教育

清光绪三年（1877 年），新郑县城西二里小李庄（现小周庄村）李家办学馆。

宣统元年（1909 年），刘振华于县城南关大王庙（今城南侯家台附近），创办县甲种桑蚕实业学堂，后办起县乙种桑蚕实业学校；同年，王梦魁在东郭寺村创办私人学堂。

1912 年，私人学堂改为学校。

1935 年，胡庄村徐庄开办小学堂。

1948 年 10 月，新郑县解放，人民政府接管办学，教育事业取得长足发展。

1981 年 6 月，城关人民公社各小学普遍建立学前班。

1982 年 10 月，调整中学布局，全乡由原 12 所初中合并成 5 所联办中学，3 个过渡点初中。在胡庄举办重点初中一所。

1985 年 9 月，城关乡人民政府召开第一届教师节庆祝大会。

2002 年 8 月，城关乡调整小学布局，全乡小学由 13 所完全小学、3 个教学点，撤并为 8 所完全小学和 3 个教学点。

2014 年 9 月 13 日，城关乡成人学校被联合国教科文组织确定为“农村社区学习中心（CLC）项目”实验学校。

2023 年，城关乡有高中 1 所、初中 2 所，小学 6 所，幼儿园 5 所。

城关乡属地各学校情况（截至 2023 年底）

单位	地点	是否属于公立院校
新郑市第二高级中学	城关乡凤台南路	是
城关乡初级中学	城关乡东郭寺村	是
新郑市城关乡第一初级中学	新郑市城关乡周庄村	是
新郑市城关乡胡庄完全小学	城关乡西城花园南	是
新郑市城关乡沟张完全小学	城关乡沟张村	是
新郑市城关乡官庄完全小学	城关乡官庄村	是
新郑市城关乡张庄完全小学	城关乡张庄村	是
新郑市城关乡周庄完全小学	新郑市城关乡周庄村	是
新郑市城关乡东郭寺完全小学	城关乡东郭寺村	是
新郑市城关乡第一幼儿园	城关乡西城花园	是
新郑市城关乡育苗幼儿园	新郑市城关乡周庄村	否
新郑市城关乡佳贝好幼儿园	城关乡泰城溪水湾	否
新郑市城关乡群英幼儿园	城关乡楠岸雅筑	否
新郑市城关乡第二幼儿园	新郑市城关乡周庄村	是

新郑市第二高级中学 学校前身为新郑县立甲种桑蚕学堂，创建于清宣统元年（1909 年），位于新郑县城南关侯家台。1912 年，改名新郑县立甲种桑蚕学校。1924 年，新郑县立甲种桑蚕学校迁至茨山书院旧址（今黄帝故里景区南）。1925 年，新郑县立甲种桑蚕学校改名新郑县立初级中学。1938 年，迁至辛店西水月寺。1939 年，迁至观音寺太清，抗日战争胜利后迁回原址。1949 年，私立苑陵中学和县立师范并入新郑县立初级中学，成

新郑市城关乡周庄完全小学“弘扬家乡文化 传承民族血脉”系列活动启动仪式　城关乡人民政府 供图

新郑市城关乡东郭寺完全小学　刘栓阳 摄

新郑市城关乡东郭寺完全小学 刘栓阳 摄

立新郑县初级中学。1953 年，新郑县初级中学改名新郑县第一初中。1958 年，新郑县第一初中改名新郑县第二中学，学校迁至县城城东路大仓巷 56 号。1971 年，新郑县第二中学改名城关人民公社五七中学，开始招收高中班和畜牧兽医班，学农基地在城关公社胡庄村西地（原胡庄中学院内）。1973 年，收归县办，改名新郑二中。1975 年，正式招收高中班，成为完全中学。1979 年，不再招收初中班，单设高中班。2002 年，迁至新郑市区后屯。2004 年，原校址为新成立的新郑市直中学使用。2005 年，新郑二中在原校址恢复高中招生，后屯校区定名为二中分校。2018 年 9 月，投资近 3 亿元的新郑二中新校区破

东郭寺完全小学 刘栓阳 摄

新郑市第二高级中学　刘栓阳 摄

土动工，设计规模容纳 4000 名学生，2019 年 6 月建成使用。2019 年 6 月，新郑二中迁至城关乡凤台路以西、国道 G107 辅道东北处。新校区占地面积约 150 亩，总建筑面积 73381.00 平方米。校园绿地面积 39119.91 平方米，绿化覆盖率 43.34%。2019 年，学校有 52 个教学班，3000 名学生。自建校以来，新郑二中共向社会输送初中毕业生 8000 多人，高中毕业生 13000 多人，考入高等院校 10000 多人。自 2005 年以来，新郑二中连年获得"郑州市教育教学工作先进单位""河南省新课程改革样本校""郑州市德育创新先进集体"等多种荣誉称号。

城关乡成人学校　1988 年 8 月，城关乡成人职业教育中心成立。农村社区学习中心（CLC）能力建设项目是 1998 年联合国教科文组织地区办事处设立的。城关乡成人学校于 2014 年 9 月被联合国教科文组织确定为"农村社区学习中心（CLC）项目"实验点，实验期限两年。期间，在河南省成教室的直接指导下，开展了现代农业种植技术、幼儿家庭教育—亲子共同学习、卫生保健知识、老年教育、幼儿教师教学技能、电商、乡情民俗文化知识、农村劳动力转移就业、月嫂培训等一系列培训活动，促进城关乡社会经

城关乡成人学校“学前教育家庭教育”培训　城关乡人民政府 供图

济的发展，取得良好的经济效益和社会效益。2016 年 12 月，城关乡成人学校再次被联合国教科文组织确定为“农村社区学习中心（CLC）项目”实验单位，实验期为 2016 年 12 月至 2020 年 12 月。

医疗卫生

中华人民共和国成立前，辖区医疗机构少，医生医术一般，一般百姓生病只能找乡村郎中或游医诊治，穷苦百姓有病无钱医治。中华人民共和国成立后，党和政府十分关心人民群众的身体健康，大力发展医疗卫生事业。1949 年 1 月，城关区防疫委员会建立，组织医护人员开展疫病防治工作。1952 年，建立城关区卫生所。1958 年 8 月，城关区卫生所更名为城关人民公社卫生院，位于衙后街西段。卫生院设内、外、中医、妇产、放射、化验、超声波等科室。1955 年，城关区大力发展卫生组织和设施，相继建立小占庄、新村、沟嘴三个联合诊所和东郭寺、胡庄等 9 个医疗点。1980 年，城关人民公社 19 个大队全部

村医巡诊　刘栓阳 摄

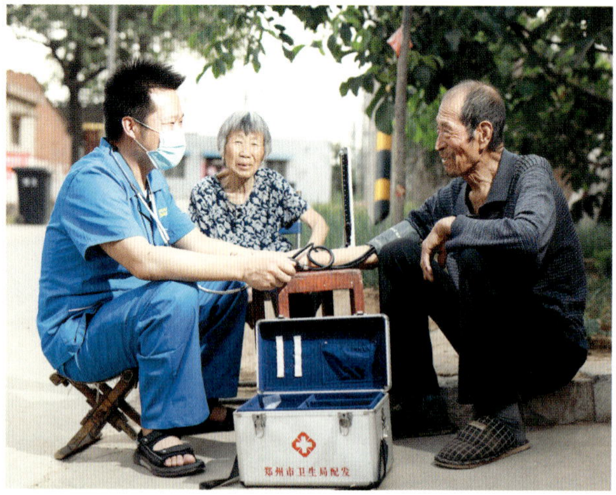

村医巡诊　刘栓阳 摄

建大队卫生所，医疗卫生人员 95 人。1986 年，城关卫生院更名为新郑县中医院，并负责城关乡辖区内的医疗卫生业务及管理工作。1995 年，城关乡在西关工业区重建城关乡卫生院，占地面积 5100 平方米，两层门诊楼一幢，院内设有四个科室，职工 25 人。2008 年，城关乡建起大周庄、胡庄、端庄、沟张、敬楼、王刘庄、乔庄、西贾庄、东郭寺等村级标准化诊所。2020 年，城关乡辖区内有乡级中心卫生院 1 所，诊所 32 个。全乡 14 个行政村卫生所全部达到河南省标准化卫生所标准。

群众文化

1955 年，新郑县在南大街建立有线广播站，配站长 1 人，播音和机务员 5 人。老十字街电线杆上安装有高音喇叭，朝向四方，每天早晚进行广播，当时隶属城关区的东、西、南、北四道街、东关、张龙庄、小高庄、阁老坟，隶属辛店区的周庄、隶属溟水区的乔庄等村，每天都能听到新闻、戏曲、文艺节目以及县委县政府对生产的指导和部署等。

1958 年，城关人民公社建广播站，喇叭安装到各生产大队，播音覆盖全公社各村。

1963 年，小喇叭安装到农户，入户率达 90% 以上，听广播成为村民业余生活的主要活动。

1970 年，城关人民公社农户停止使用小喇叭。

1955—1970 年，群众文化生活比较单调，主要文化项目有唱大戏、听说书、听喇叭广播、看电影等。

1983 年，电视机逐步进入农民家庭。1991 年，全乡电视机拥有量达到 8410 台，其中彩色电视机 3236 台，入户率达到 88%，看春晚成为春节的一个主要活动。

2000 年以后，电脑、手机相继成为人们的主要文化娱乐工具，看新闻、打游戏、看视频乐此不疲。

2008—2012 年，城关乡文化站和行政村文化大院先后建成，设置有多功能培训室、微机室、图书阅览室、文体活动室、棋牌室、篮球场等。配备有多媒体设备、电子计算机、打印机等办公器材和乒乓球台、篮球架、大鼓、狮子龙灯等文体活动器材，开展文化、技能等培训活动以及健身、娱乐等文体活动。

2015 年起，每年农历正月十七，在东郭寺村举办白居易故里文化节；每年春季举办城关乡农民运动会。

2018 年，在各行政村建成文化小木屋，方便居民读书学习。

2019 年，城关乡成功创建成为中华诗词之乡。

2023 年，春节、元宵节期间，城关乡各村文艺爱好者组建“文艺团队”开展舞狮、舞龙、秧歌等群众喜闻乐见的活动展演，组织各村广场舞爱好者进行广场舞培训。紧扣白

西贾庄村文化大院长廊 刘栓阳 摄

群众文化展演 刘栓阳 摄

中华诗词之乡 刘栓阳 摄

居易诗词文化主线，充分整合全乡诗社资源，依托新郑市诗词文化合作社平台，开展各类诗词大会、诗歌朗诵会等活动，在大力传承弘扬白居易诗歌文化的同时，进一步丰富群众的文化生活。

大气污染防治

城关乡坚决扛起生态环保政治责任，确保大气污染防治各项目标要求落实落地。广泛开展“敲门行动”精准查。每晚由班子成员带队，组织带领机关干部、村组干部分成工作组，挨家挨户敲门，排查污染源。加强企业的巡查监管。建立企业大气污染防治台账，实行台账动态管理，对台账上企业、工地等坚持日巡夜查，2023 年共计开展夜查 300 多次。建立大气污染防治台账，对症下药，共下发整改单 20 份，整治“散乱污”2 家；开展全乡宣传大气污染防治 60 多次，印发宣传资料 2600 多份；对台账上企业、工地等共开展夜查100多次；对雾炮车司机进行科学调度，重点作业区域24小时不间断洒水进行除尘作业，确保大气环境质量持续改善。以全面禁止露天焚烧为核心，以大力推广秸秆综合利用为支撑，推进全乡秸秆禁烧和综合利用工作常态化，配备防火器材200余件，印发新郑市农作物秸秆禁烧告知书10000余份，在镇区和各村主干道悬挂宣传横幅200多条，禁烧旗800多面，宣传标语1500多条，结合现代化的监控科技手段以及科学合理的工作制度，2023年未发生焚烧秸秆现象。

社会保障

民政机构

1948年年底，城关区设民政助理，主管民政工作。

1983年成立乡民政办公室，负责社会保障工作。

1991年建成城关乡敬老院，实现全乡五保老人全部入住。

1999年乡民政所单列。

2005年11月，乡民政工作归属社会事务办公室管理。

2020年，城关乡建成养老中心3个。

就业服务

2015年以来，城关乡全面开展企业职工、农村剩余劳动力和下岗职工职业技能培训，年均培训3500人次，有力地促进了企业职工生产技能的提升和企业下岗职工以及农村剩余劳动

城关乡敬老院　刘栓阳 摄

城关乡敬老院　刘栓阳 摄

力的转移再就业。

2016 年，城镇就业 360 人，农村劳动力转移 1700 人，输入就业困难人员 20 人。

2017 年，城镇就业再就业 350 人，转移农村劳动力 1500 人，办理小额担保贷款 160 万元。

2018 年，新增城镇就业再就业 340 人，转移农村劳动力 900 人，办理小额担保贷款 110 万元。

2019 年，新增城镇就业再就业 340 人，转移农村劳动力 720 人，农民工返乡创业 60 人，办理小额担保贷款 120 万元。

2020 年，新增城镇就业 354 人，失业再就业 37 人，就业困难人群就业 31 人，建档立卡贫困户中有劳动能力的 8 人均已就业，转移农村劳动力 680 人，农民工返乡创业 88 人，职业技能鉴定 50 人，办理小额贷款共计贷款 90 万元；累计举办各类就业培训 6 次，完成培训人数 111 人，整体推进“互联网 +”线上就业培训工作，累计注册技能提升人数 580 余人。

2021 年，举办电焊工、保育员、家政、电商直播等各类培训 4 次，完成培训人数 144 人；新增城镇就业 470 人，转移农村劳动力 654 人，农民工返乡创业 55 人，办理小额贷款共计贷款 50 万元，发放《就业失业登记证》9 本。

2022 年，新增城镇就业 498 人；转移农村劳动力 566 人；农民工返乡创业完成 55 人；举办焊工、中式烹饪、电工、叉车、家政服务等创业技能培训班共 7 期，累计培训 260 余人。

2023 年 6 月新郑市城关乡残疾人培训职业技能培训班　城关乡人民政府 供图

2023年，完成城镇就业1233人，实现农村劳动力转移459人，全年农民工返乡创业64人；为5名自主创业人员办理小额担保贷款，共计375万元；128人参加创业技能培训班，80名残疾人参加职业技能培训。

困难救助

城关乡全面实行和落实城乡居民最低生活保障制度，五保老人供养全部到位，退役军人、军烈属、遗属、病残军人、低保户、残疾人优抚率100%。

2015年，困难群众发放救济款12.75万元，面粉400袋，棉衣200件，棉被200条；为24户因灾、因病致贫户及时纳入低保。

2016年累计发放低保金150.55万元，五保金36.86万元；给困难群众发放救济款10.31万元，发放精简职工、困难老人补助9.3万元，救助3名流浪乞讨人员，及时送往市救助站；完成全乡471名残疾人普查工作，对全乡162名重度残疾人发放特殊生活补贴37.77万元、护理补贴16.6万元，对95名困难残疾人发放生活补助12.16万元。

2017年，累计发放低保金164.35万元、分散特困供养金18.3万元及临时救助款7.6万元，发放精简职工、困难老人补助9.3万元，发放优抚款36.25万元、参战参试军人生活补助3.3万元、“八一”慰问金3.8万元；在世界“助残日”活动中为6名残疾人发放轮椅，完成全乡471名残疾人普查工作，对162名重度残疾人发放特殊生活补贴75.18万元、护理补贴27.3万元，对95名困难残疾人发放生活补助12.16万元。

2018年，走访慰问困难群众196户，发放救济款、补助款等55.97万元。

2019年，发放困难群众救济款、补助款等16.5万元。

2020年，发放救济款83000元，给困难群众发放补助款5.208万元。

2021年，累计发放救济款7.3万元，给困难老人发放补助款4.976万元，因灾发放自然灾害救助款11万元。

2022年，发放救济款2.3万余元，给困难老人发放补助款4.128万元。

2023年，新增农村奖扶对象132人，城镇奖扶对象14人；有特困人员109人，其中敬老院集中供养35人，光荣院集中供养2人，分散供养75人，对分散供养人员每月足额发放供养金；临时救助工作发放临时救济款2.3万元，困难老人发放补助款4.8万元。共有80～89周岁老人56人，90～99周岁老人10人，100周岁及以上老人2人，高龄津贴发放每月补贴资金8100元。

社会保险

新型农村合作医疗居住在城关乡辖区内的农民，以家庭为单位自愿参加。参合农民个人缴费部分，在遵循自愿的前提下，由乡政府组织，村民委员会负责入户收取。农村五保低保人员、贫困户、优抚人员等个人筹资部分由民政部门在医疗救助基金中全额代缴。鼓励乡、村经济组织和社会各界对本地新农合资金等多方面扶持。

2021 年，城乡居民医疗保险参保 26493 人；

2022 年，城乡居民医疗保险参保 26443 人；

2023 年，城乡居民医疗保险参保 26650 人。

城乡居民养老保险

2008 年，城关乡开始实施城乡养老保险工作；

2015 年，养老保险参保 20196 人；

2016 年，养老保险参保 20311 人；

2017 年，养老保险参保 20455 人；

2018 年，养老保险参保 20693 人；

2019 年，养老保险参保 20946 人；

城关乡办理城乡居民社会保险　刘栓阳 摄

2020 年，养老保险参保 21042 人；

2021 年，养老保险参保 21121 人；

2022 年，养老保险参保 21194 人；

2023 年，养老保险参保 21274 人。

退役优抚

采集退役军人及现役官兵家属信息，完成 60 岁老兵材料采集审核，2023 年建档立卡已完成，978 人申请、领取了优待证，相关工作保持常态化运行。八一建军节、春节期间走访慰问退役军人。为辖区未悬挂光荣牌的退役军人发放光荣牌 15 人次，受理生活困难退役军人临时救助 21 人次，累计 16900 元。有河南七若滋食品有限公司等 20 家企业门店完成社会化拥军申请，6 家企业门店被授予拥军企业和拥军门店牌匾。

体育活动

1964 年，城关乡开始在学校推行《青少年体育的锻炼标准》和第三套广播体操。1980 年后，学区设专职人员抓学校体育工作，每年春季举办田径运动会，10 月份举办全乡中小学篮球比赛，冬季开展越野赛。1982 年，实施《国家体育锻炼标准》后，全乡中学普遍开展体育"达标"活动，各学校都建有运动场地，每年田径运动会，球类比赛各举行一次。1990 年，新的《国家体育锻炼标准施行办法》公布以后，城关乡于当年 8 月开始实施。2000 年后，城关乡在各级体育比赛中连年获奖，培养出一批国家级运动健将。

武　术　清道光、咸丰年间，阁老坟村民蒋万善的少林洪拳名震中州。民国期间，城里衙后人李丙欣 16 岁拜蒋万善的徒弟高合群为师，学得少林洪拳、绳鞭、九节鞭及棍术等武术，后又投师山东曹县拳师杨洪山，习得刀、剑、锤、钩等 18 般兵器。

气　功　民国时期俗称"硬肚"。1927 年新郑庙道普遍练习"硬肚"，有"刀枪不入"之说。1943 年，河南省在开封召开十三县武术运动会，新郑城厢乡人李丙欣肚子上放一块大石磙，让 7 人站立石磙上，运气后猛然起身，手指推磙立地。20 世纪 80 年代逐渐有人引进鹤翔桩等气功。

踢　毽　中华人民共和国成立前至 20 世纪 60 年代，在农村青少年，特别是小学生中颇为盛行。毽子多用 8 ～ 10 根公鸡羽毛插入三至四个方孔制线，以布包扎而成。踢毽有单脚内踢、外踢、跳踢，或用膝盖、头、肩膀顶，也有双人对踢、四人对踢等。比赛时以

敬楼村体育公园篮球场、运动场　刘栓阳 摄

小学生课间乒乓球赛　刘栓阳 摄

连续踢毽次数和姿势变化多寡为胜负。20 世纪 70 年代后，踢毽活动渐衰，女孩多用踢“小沙袋”代之。

跳 绳 中华人民共和国成立前至 20 世纪 60 年代，青少年，特别是女性少年多喜爱跳绳。有单人跳、双人跳或多人跳；单脚跳、双脚跳；跳跃中或突然弯腰从地上捡起东西、正面切入、侧身进跳、旋转进跳等。20 世纪 70 年代至今，女孩子多跳橡皮筋。

放风筝 每年春季，许多青少年喜爱参加此项活动。本地多做大雁、小燕、雄鹰、蜈蚣、五角星、双鱼、知了等形状风筝。

摔 跤 中华人民共和国成立前后较多，20 世纪 60 年代以后渐衰。

秋 千 中华人民共和国成立前至 20 世纪 70 年代，多数村庄为了增添节日气氛，常在村里众人聚集之地搭秋千。荡秋千者多为男女青少年，有单人荡、双人荡或大人带孩子荡等，技术好者荡高几乎与秋千梁平，颇有腾云驾雾之感。

拔 河 两组力量相当队员各执粗绳一端，站立“界河”两边，中间有裁判。将对方拉过“河”者为胜。此项活动直到现在仍为城关乡机关、厂矿和农村经常开展的体育项目。2014 年，城关乡第一届“农商杯”农民运动会上设拔河比赛项目，王刘庄男队获得第一；2016 年，东郭寺白居易故里文化节设拔河比赛项目。

斗 鸡 两人间距 1 ~ 2 米，相向单腿直立，另一腿曲膝，以一手扳脚，另一手抓腿护膝。斗时，两人膝盖对膝盖或膝盖对曲腿猛烈冲击，将对方斗得招架不住为胜。此项活动中华人民共和国成立前后多在农村青少年男子中进行，20 世纪 70 年代后渐衰。

踢 方 在地面划 8 个相连接的正方形（每排 4 个），以瓦片作踢物。踢者先将瓦片投入第一个方格内，单腿直立，另一腿自然曲膝。单腿跳跃进入第一个方格内，用脚尖将瓦片连续踢入至第八个方格内为胜。若将瓦片踢在方格线上，或踢出界外，则为失利。此活动中华人民共和国成立前后，在农村青少年中极为普遍，20 世纪 70 年代后渐衰。

篮 球 篮球在城关乡有深厚的群众基础。1938 年，篮球活动推广到全县各高等小学。中华人民共和国成立后篮球活动逐渐成为各级各类学校主要体育项目。1958 年，篮球运动发展到农村。20 世纪 70—90 年代新郑县从城关乡东郭寺、小占庄选拔了一大批篮球运动员，将他们分配到县直各机关厂矿，建立和充实篮球队。大周庄、东郭寺、官刘庄、小占庄等村历年都有一大批篮球爱好者，他们自发组织球队，队员之间相互学习，村与村之间互相联系打比赛，每遇市乡举行比赛积极参加。

乒乓球 1930 年传入本县学校。1955 年以后，推广至城关区部分学校。1980 年后，乒乓球活动在全乡学校、工厂和农村普遍推广。2016 年，城关乡分别组织职工乒乓球赛、农民乒乓球赛、中小学生乒乓球赛等，乒乓球是农村地区一项热门的运动项目，老少皆爱。

羽毛球 1960 年传入县立中学，1966 年由城关镇推广到农村，由学校推广到机关、厂矿。1990 年后，羽毛球进入农村家庭。农村青年男女常利用饭前饭后，或业余时间打羽毛球。

脱贫攻坚

通过以购助扶、传授技术、爱心捐赠、解决就业、技能培训、扶贫扶智等多种形式，严把贫困退出关，全乡贫困户已全部脱贫，建档立卡户中有劳动能力的 8 人均已就业；适时组织对脱贫人员开展“回头看”，邀请医务人员对贫困户和边缘户进行体检及慢性病鉴定，发放新郑市基本医疗保险门诊规定病种就医卡，确保贫困户慢性病鉴定工作不漏一人；邀请住建局对贫困户和边缘户进行危房鉴定，帮助其修缮房屋，切实为贫困户解决生活中存在的困难，有效地防止返贫现象。

居民生活

衣 中华人民共和国成立初期，农村地区处于自给自足的小农经济，城关乡居民鞋、衣服布料基本上都是自家纺织的老粗布，自己染色、漂洗，自己加工制作。后来，市场上出现苏联进口的花布，人称“花洋布”，以后逐渐有了香港罗、斜纹布、呢子等各种彩色花布。20 世纪 70 年代初，社会上流行一句话描写女人的穿戴：“头一伸，白纱巾；腰一拧，灯草绒；脚一抬，呢绒袜子皮底鞋儿。”20 世纪 80 年代初，部分农村老年妇女还有人做衣服、鞋等，年轻妇女普遍织毛衣、毛裤之类。青年男女流行穿喇叭裤，裤腿口宽 1 ~ 1.2 尺，裤长下接地面，又称“扫地裤”，流行一时，20 世纪 80 年代中期就消失了。

食 中华人民共和国成立初期，村民主食以红薯、玉米、谷子、高粱等粮食为主，小麦很少，也就是逢年过节、走亲访友才能吃到。“红薯汤，红薯馍，离开红薯不能活”是当时农民生活的真实写照。1983 年后，小麦产量大幅度提高，食物极大丰富，大米、白面、肉、蛋成为村民主要食材。2010 年后，人们开始追求健康饮食，喝牛奶，吃杂粮、薯类，

城关乡居民生活　刘栓阳 摄

城关乡居民生活　刘栓阳 摄

城关乡居民生活　刘栓阳 摄

城关乡居民生活　刘栓阳 摄

吃无公害有机蔬菜。

住 1970 年前，村民大多住草房、窑洞。1970—1980 年，农村地区普遍建 3 间蓝砖蓝瓦房或蓝砖红瓦房。1980—1990 年，转向 4 间一层平房。1990—2010 年，向二层楼房转变。2010 年后，城关乡大力推进社区建设，居易新城社区、西城花园社区、溪水湾社区、楠岸雅筑社区、香江龙湾社区相继建成，薛庄、胡庄、王好庄、小占庄、乔庄等村居民陆续住上宽敞明亮的居民住宅楼，其他村部分村民开始建别墅式民居。2018 年后，城关乡以村为主体，先后确定和实施了敬楼村、西贾庄村、张庄村、高皮匠村、端庄村、范庄村、官刘庄村 7 个示范村和杜庄、王刘庄 2 个示范街和东郭寺—敬楼示范片区建设，高标准打造各村人居环境整治亮点。

行 1990 年以前，村民出行大多骑自行车，开拖拉机、三轮车或乘公交车。1990—2010 年，摩托车、三轮车、公交车成为人们的主要交通工具。2010 年后，城关乡农户家用汽车拥有量达到 60% 以上，驾车出行成为潮流。同时电动车以其方便、节能受到百姓喜爱。

东郭寺村民居 刘栓阳 摄

小占庄村居民住宅楼 刘栓阳 摄

精神文明创建

从 1998 年 11 月开始，在全乡开展以“两评一创”（在农户中评选遵纪守法户，在遵纪守法户中按 3% ~ 5% 的比例评选文明户，在 19 个行政村中争创 2 ~ 3 个文明村）为主要内容系列创评活动。乡党委、政府领导把文明户的红牌牌和遵纪守法户的绿牌牌分别挂到农户门上，并在村室设立荣辱榜，张榜公布。

1999 年 7 月，乡党委、政府以爱国、爱党、爱集体、重视科技、勤劳致富、计划生育、遵纪守法、邻里和睦、勤俭节约、讲究卫生等为主要内容，从建章立制入手，用制度规范村民行为，建立一整套村民实现自我教育、自我管理、自我规范、自我提高的行为准则。

2005 年，开展道德规范进万家活动，评选好媳妇、好公婆，树社会正气。

2008 年开始，城关乡在 14 个行政村建起高标准的文化大院，图书、电脑、健身器材配备一应俱全，村文化大院成为广大群众办事说理、学习娱乐的“家”。

2014 年以来，扎实开展“百千万”（百支队伍、千名骨干、万家欢乐）文化惠民工程。按照一村一特色、村村有队伍的原则，先后组织开展了二、三级文艺骨干培训，并举办戏迷擂台赛，“百千万”文化惠民工程巡演活动，群众自编自演的小品《走进新社区》荣获新郑市二等奖。城关乡文化站荣获河南省先进综合文化站、国家评估等级一级文化站等荣誉。

2014 年 11 月，举办城关乡第一届“农商杯”农民运动会。

2014 年、2015 年、2016 年，连续三年举办城关乡文化艺术节。

2016 年，成功举办第一届白居易故里文化节。

2017 年，举办第二届白居易故里文化节；成立白居易故里文化宣传志愿服务队，举办志愿服务系列活动；举办十九大文艺巡演；端庄村的秧歌、竹马旱船代表新郑市参加郑州市华夏传统民间文化集中展演，荣获二等奖；参加全民诵读经典活动，获得新郑市“全民阅读”活动二等奖。

2018 年，举办第三届白居易故里文化节；改造完成西贾庄村、王刘庄村、小占庄社区三个基层文化服务中心。

2019 年，举办纪念白居易诞辰 1247 周年仪式暨白居易诗歌文化季开幕式群众文艺展

白居易故里文化宣传志愿者服务队授旗暨 2017 年志愿服务系列活动启动仪式　刘栓阳 供图

演、“我们的中国梦——文化进万家”元宵节群众文艺展演，举办庆祝建党 98 周年、喜迎祖国 70 华诞群众文艺活动；开展百场巡演进基层、快乐星期天、红色文艺轻骑兵 16 场次。

2020 年，改造乡文化站，内设新时代实践文明活动室、图书室、多功能活动室、棋牌室、文体活动室、剪纸室、绘画室、未成年人活动室等，对外免费开放，满足广大群众的精神文化需求；开展居易文化节、诗词大赛、诗词教育、诗人采风等白居易诗歌系列文化活动。

2021 年，4—5 月举办纪念白居易诞辰 1249 周年系列活动，围绕白居易故里文化园，成立“熊孩子”教育白居易诗词研学基地，高规格打造白居易故里文旅产业项目；开展“最优乡贤”“优秀大学生”“好媳妇”“好公婆”等评选活动。

2022 年，开展读书交流活动，举行健康知识科普讲座。

2023 年，2 月成功举办庆祝白居易诞辰 1251 周年活动，围绕诞辰活动举办了蒸寿糕比赛和正月十五猜灯谜活动；8 月组织乡机关干部参加新郑市第五届运动会暨第二届全民健身大会；10 月在东郭寺村开展“庆国庆、迎丰收”白居易故里诗歌朗诵会，掀起学诗、读诗、诵诗的热潮。

西贯庄村优秀文明新风尚创建展示 刘栓阳 摄

乡镇建设

功能区布局

城关乡地处城乡接合部，20 世纪 90 年代，东部毗邻市区的西关工业区曾经是新郑市重要的工业区，西部的农业区是高效农业示范区。2012 年以来，着力打造美丽城关、魅力西城。受南水北调等国家重点工程建设影响，城关乡进行功能布局调整，积极盘活“五闲资源”、破解用地瓶颈，对闲置荒地、闲置厂房、闲置学校、闲置村部、闲置宅院等资源进行遍访细查，累计摸排出能够有效利用的闲置资源 162 处、土地 278 余亩。在此基础上，将闲置资源优先用于村级公共服务配套设施建设。敬楼村闲置学校改造为村党群服务中心、闲置荒地建成体育公园；东郭寺村闲置宅院建成日间照料中心等。大力推动产业转型升级，推进“五小项目”，补齐治理短板。坚持多动脑子、少花票子，面子里子一起抓的原则，聘请专业团队编制村庄规划，高标准实施五小项目建设。

美丽城关　刘栓阳 摄

道路桥梁

公　路

城关乡的干线公路、县乡公路及村村通公路建设发展迅猛，国道 G107、国道 G343、省道 S323 纵贯全境，登杞铁路穿境而过，郑州大学路自郑州市区直通省道 S323，村村通公路，通车里程 43 公里，县乡公路 13 公里，形成横跨东西、纵贯南北、辐射全市、联结周边的公路网。

国道 G107　又称京深公路。1977 年 8 月，正式动工修建。1981 年 12 月，正式通车。新郑境内途经龙湖镇、郭店镇、新村镇、城关乡、梨河镇，跨越黄水河、双洎河，路基宽 15.6 米，路面宽 11.2 米。1996 年、1997 年，对该路进行中修罩面。1998 年、2000 年、2001 年，对该路进行大修补。2003 年 8 月，投资 1.2 亿元，历经 2 个月对国道 G107 新郑段进行改建。2006 年，投资 40 多万元拓宽改造国道 G107 与省道 S323 连接线。2015 年，新国道 G107 改迁线（即西环线）工程全面动工，北起新村镇吴庄，穿双洎河，途经城关乡王刘庄村、胡庄村、大周庄村等 6 个行政村，辖区全长 7.1 公里。

国道 G343　即原新密公路，全长 26.7 公里（含高速连接线）。1952 年、1965 年，对新郑至密县（今新密市）路段进行两次大型土路整修。1974 年 8 月，对新郑县辖段

国道 G107　城关乡人民政府 供图

国道 G343 刘栓阳 摄

17.3 公里进行改建，为四级公路，东起西关，经靳垌、马寨、辛店与密县（今新密市）关口相连，路基宽 10 米，沥青路面宽 6 米。1991 年，将西关至电厂 2 公里，拓宽为路基宽 30 米，主车道沥青路面宽 20 米，慢车道沥青路面宽 4 米，中间隔离带各 1 米。1993 年，对电厂至辛店 10.5 公里全线进行升级改造，拓宽为路基 15 米，沥青路面宽 14 米，由平原微丘三级公路标准改建为平原微丘二级公路标准。2006 年，由县级道路升级为省级道路，名称改为省道 S323。2016 年，省道 S323 改为国道 G343。

大学南路 2015 年，郑州大学路南延工程（西南绕城高速至省道 S323 段）开建，起点位于大学路南延与西南绕城高速立交终点，向南经新郑市龙湖镇、新密市曲梁产业集聚区、新郑市新村镇、辛店镇，终点位于与省道 S323 交叉口（城关乡马寨村北），全长 25.69 公里，路面净宽 32 米，8 车道，城关段 2 公里。

郑韩东路 郑韩路东路工程东起国道 G107，西至国道 G107 改拆线，全长 1109.814 米（含西城大桥 217 米），路面净宽 38 米,8 车道，工程总投资约 1.16 亿元。2013 年 4 月，动工修建。2015 年，建成通车。

西关汽车站 1990 年 3 月兴建，位于西关国道 G107 和省道 S323 交叉口北 200 米，占地 15 亩，主要停靠郑州南部各地市发往郑州的过路客车。沿国道 G107 分东、西两个车站，西车站供向南过往车辆停靠，东车站供向北方向过往车辆停靠。郑州到许昌的郑许公

郑韩路 城关乡人民政府 供图

交车经过此车站，站内有 1 路（西关—火车站）、101 路（西关—西亚斯）公交车，停靠新郑市区内所有重要地点。

铁 路

登杞地方铁路 登（封）杞（县）地方铁路西起河南省登封市，东至河南省杞县。沿线经过登封、密县（新密）、新郑等；这条铁路是原开封地区为加速登封、新密煤炭资源的开发，改变东部平原各县缺煤状况而自行设计修建的。全长 236 公里，新郑境内线路全长 29 公里。自新郑市辛店镇铁炉村南入境，途经辛店、城关、和庄、八千 4 个乡镇，在八千乡辛庄村东出境进入尉氏县。1974 年 9 月至 1976 年 6 月，建成朝阳沟至尉氏段。1984 年 7 月至 1985 年年底，建成尉氏至杞县段。1986 年，为了适应登封、新密国家统配煤矿外运需要，国家投资对朝阳沟至新郑段进行改造，将原铺设轻轨 18 千克 / 米，改造为重轨 40 千克 / 米和 43 千克 / 米，改造正线 60.9 公里，站线 12.4 公里。

新密铁路 又称新密支线，东起京广铁路的新郑火车站，西至密县王沟煤矿，正线长 56.44 公里。新郑境内经过和庄、城关、新村三个乡镇，新郑县辖段长 17 公里，设新郑北关车站一处。1958 年 2 月，新密铁路开工建设，由铁道部第 6 工程局第 3 工程段承包施工。1959 年 1 月，建成通车。线路行车允许速度营业初期为 40 公里 / 小时，后来增至60公里/小时。

登杞铁路马寨站 站址位于城关乡马寨村登杞线上。始建于1976年，投资1500万元，离朝阳沟站47公里，离杞县站121公里，隶属河南省地方铁路总公司新郑分局管辖。办理客、货运营业。站线3股，有效延展长1005米，货场1个，1150平方米。职工7人，1981年营运。2008年，小火车停运，车站停止使用。

登杞铁路南关站 位于县城南关双洎河南。站线3股，有效延展917米；货场1个，1900平方米。1977年营运。2008年，小火车停运，车站停止使用。

新密铁路新郑北车站 位于县城北关新密铁路道南，中心里程在5公里57米处，属四等客货运输中间站。1959年9月，车站建成投入使用，计长1786米。指挥信号为色灯联锁器联锁，自动闭塞。1986年，有站线3股，设有货场2处，32.6平方米；货仓2座，94平方米；货物站台1条，1446平方米。旅客站台1条，长80米，面积240平方米；候车室1个，227平方米。20世纪90年代初，客运停止。2016年，有站线3股，货仓2座，货物量小。

桥　梁

南关双洎河大桥 位于南关双洎河（古洧水）上。1966年始建，1968年竣工。全长201.8米，跨径6孔30米。上部为等截面倒悬链曲拱，下部为简单锥钻孔灌注桩。桥面净宽7米，人行道2×0.75米。设计载重为汽车13吨，拖拉机60吨。南关双洎河（古洧水）大桥改建于1994年，东扩建8.9米，人行道1.1米。1996年10月，西扩建南关双洎河大桥，桩号K5+568，全长215.1米，桥上部构造为7孔30米跨径的预应力空心桥，桥面连续。下部为单排四柱式墩台，钻孔灌注桩基础，桥面净宽（14.5+2×1.55）米，设计荷载汽超20吨，挂120吨，工程总投资1028.4750万元，1997年9月30日竣工。

周庄双洎河大桥 位于城关乡大周庄东面的双洎河上。1958年始建，1960年竣工，跨径29孔，每孔4米。上部为钢筋混凝土矩形板，下部为钢筋混凝土灌注桩。人行道2×0.75米，设计载重汽车13吨，拖拉机60吨。1976年改建，1980年竣工。全长213.78米，跨径6孔30米。上部为等截面悬链无铰拱，下部南台为石砌重力式，北台为钻孔桩，中墩为灌注桩排架。桥面净宽9米，附2×1.5米人行道，设计载重，汽车20吨，拖拉机100吨。

西城大桥 位于城关乡溪水湾社区东的双洎河（古洧水）上。2013年4月，西城大桥建设启动，大桥采用7×30米预应力预制小箱梁，桥面连续，桥梁中心桩号K0+210，与河道交角 80° ，桥梁全长 217 米，设计水位 103 米。桥面宽：1.35 米（锚索区）+3.5 米（人行道）+32 米（行车道）+3.5 米（人行道）+1.35 米（锚索区）=41.7 米。桥梁载荷等级：城 A 级。设计时速 50 公里 / 小时。2015 年，建成通车。

西关立交桥 是省道 S323 横穿京深（即国道 G107）上方的立交桥，于 1979 年建成。结构均为钢筋混凝土 T 形梁，灌注桩。长 27.6 米，跨径 1 孔 16 米。2003 年，西关立交桥改造加宽，桥面净宽 22 米。

双洎河桥 位于城关乡与新建路街道交界处，线路名称京深线，线路编号 G107，箱梁桥，中心桩号 K784+099，养护单位吴庄道班。长 147 米，桥面净宽 32 米。

秦楼桥 位于城关乡辖区秦楼（自然村）、京深（即国道 G107）上，于 1979 年建成，结构均为钢筋混凝土 T 形梁，灌注桩。长 34.62 米，跨径 3 孔 10 米。

周庄立交桥 共有三座，分别是大周庄村西、小周庄村西、秦楼村东，位于京深（即国道 G107）上方，于 1979 年建成。结构均为双曲桥。长 28.92 米，跨径 1 孔 20 米，桥面净宽 5 米。2003 年，国道 G107 新郑段改造，周庄三座桥同时拆除重建，结构均为钢筋混凝土 T 形梁，灌注桩。长 30 米，桥面净宽 7 米。

秦楼铁路桥 位于秦楼村东侧、京深（即国道 G107）上方，于 1981 年建成。结构为上承钢板梁桥。

西城大桥 刘栓阳 摄

国道 G107 西关立交桥　刘栓阳 摄

南水北调中线工程跨渠桥　南水北调中线工程城关乡段有跨渠桥 5 座。毛庄北跨渠公路桥：由主桥、引桥、引道三部分组成。主桥长 144 米，桥面净宽 8 米。端庄东跨渠生产桥：由主桥、引道两部分组成。主桥长 65 米，桥面净宽 4.5 米，东、西桥头各设 2 个停车位。胡庄小学跨渠生产桥由主桥、引道两部分组成。主桥长 65 米，桥面净宽 3.5 米，东、西桥头各设 2 个停车位。徐庄西跨渠生产桥：由主桥、引道两部分组成。主桥长 65 米，桥面净宽 3.5 米，东西桥头各设两个停车位。王老庄西南跨渠公路桥由主桥、引道两部分组成。主桥长 65 米，桥面净宽 7 米，东、西桥头各设 2 个停车位。

公共交通

2020 年，境内基本形成以城关乡公交站为中心，辐射各村、干支相连、四通八达、方便快捷的公交客运网络。

城关乡公交站　位于香江龙湾社区北，国道 G107 连接线西关立交桥东。占地面积 3500 平方米，充电桩 15 个，运营公交车全部为电动。2020 年 5 月建成运营。运营时间：夏 6:30—18:30，冬 7:00—18:00，运营间隔 10 ~ 15 分钟。

以下为 2020 年城关乡公交站公交线路：

205 路（城关乡公交站—畅馨园社区）

208 路［城关乡公交站—新郑市人民医院（新区）］

209 路（城关乡公交站—和庄镇政府）

D2 路（城关乡公交站—华南城 1 号交易广场）

城关乡公交站内连接西部镇村的线路：

306 路（城关乡公交站—人和寨村—辛店镇政府）

307 路（新郑市公立医院—刘岗村—辛店镇政府）

308 路（城关乡公交站—辛店镇政府—史庄村）

经历公交线路调整后，截至 2023 年年底，城关乡公交站有 208、209、D2 三条线路。

208 路（城关乡公交站—新建路—新郑汽车站）

单边里程：12 公里　　单边运营时间：30 分钟

运营间隔：15 分钟　　票价：1 元

运营时间：城关乡至汽车站 6∶30—19∶00

汽车站至城关乡 7∶10—19∶40

途经道路及站点：合福路［城关乡公交站（大周庄村）］→西环路→轩辕路（安居小区站）→阁老路（卧佛寺街站）→人民路（步行街站）→新建路（府后街站）→新建路（建安公司站）→新建路（丽都花园站）→郑新路（郑韩路口站）→郑新路（竹园路口站）

城关乡公交站 刘栓阳 摄

城乡公交　刘栓阳 摄

→郑新路（市中医院站）→郑新路（学院路口站）→郑新路（宏基王朝站）→中兴路→文化路（行政服务中心站）→文化路（二社区西站）→新村大道（故里新家园站）→中华路（新郑汽车站）。

209 路（城关乡公交站→解放路→新郑汽车站）

单边里程：20 公里　　单边运营时间：40 分钟

运营间隔：15 分钟　　票价：1 元

运营时间：城关乡至汽车站 6：30—19：00

汽车站至城关乡 7：20—19：50

途经道路及站点：合福路［城关乡公交站（大周庄村）］→西环路→轩辕路（轩辕幼儿园站）→轩辕路（安居小区站）→阁老路（卧佛寺街站）→南环路（惠济门站）→新华路（新华西路站）→新华路（国家电网站）→新华路（新华路小学站）→新华路（烟厂北门站）→玉前路（国税局站）→玉前路（郑风苑南门站）→玉前路（滨河帝城南门站）→渔夫子路（滨河帝城东门站）→永和街（东方国际站）→解放路（二处小区站）→解放路（花悦城站）→学院路（华信民生医院站）→学院路［西亚斯北门（新郑一中）站］→万

福路（郑州工业应用技术学院东门站）→万福路（新新家园站）→万福路（万福路中兴路站）→新村大道→中华路（新郑汽车站）。

D2 路（城关乡公交站→中华路→新郑汽车站）

单边里程：17 公里　　单边运营时间：40 分钟

运营间隔：15 分钟　　票价：1 元

运营时间：城关乡至汽车站 5：30—20：00

汽车站至城关乡 7：00—22：20

途经道路及站点：合福路（城关乡公交站）→国道 107（西城花园站）→郑韩路（溪水湾站）→郑韩路（帝都佳苑站）→阁老路（卧佛寺站）→人民路（步行街站）→人民路（金帝商贸城站）→人民路（市委市政府站）→人民路（中信银行站）→双拥路（黄帝像站）→陶文路（月季新城南门站）→中华路（实验高级中学站）→中华路（阳光港湾站）→学院路（郑州工业应用技术学院南门站）→学院路［西亚斯北门（新郑一中）站］→弘远路（一江弘城站）→少典路（剑桥郡站）→少典路（郑州工业应用技术学院北门站）→中华路（碧水蓝天站）→中华路（中原华信站）→中华路（根文创站）→中华路（金科御府站）→中华路（新郑汽车站）。

供　水

水利建设

城关乡地势普遍较高，水位较深，水井深度一般都在 10 米左右，徐庄老井深度达到 20 米。小高庄（自然村）、张龙庄（自然村）、白庙范（自然村）、双龙寨（自然村）等村水位相对较浅，4 米左右。每个村子至少有一眼吃水老井，用青砖或石条圈成方形井口。

20 世纪 80 年代以前，城关乡农村居民吃水要从老井里挑。20 世纪 70 年代后期，小高庄（自然村）、张龙庄（自然村）、白庙范（自然村）、双龙寨（自然村）等村庄村民家里打压水井。

城关乡安全饮水工程让村民用上自来水
刘栓阳 摄

1985年，周庄村建起水塔，水管引入家中，村民吃上自来水。随后，官刘庄、小占庄、敬楼、苗庄（自然村）等村先后建起水塔，自来水引入村民家中。

2000年后，实施“饮水工程”，打深水井，使用无塔供水装置。井深一般200米左右，水量更大，水质也更好，城关乡居民吃上优质深井水。

2006年，官刘庄村新打200米机电井一眼，配套增压供水设施一套，埋设地埋管3500米，彻底解决官刘庄村“饮水难”问题。

2007年，完成胡庄村、敬楼村安全饮水项目，有效解决1090户、3875人的“饮水难”问题。

2009 年，完成张庄村和贾庄村的安全饮水工程，解决 5202 人的饮水安全问题。

2013 年后，农村开展生态文明村建设，西关工业区又上纯净水项目，饮水更加卫生清洁。

南水北调中线工程

2003 年 12 月南水北调中线工程开工建设，干渠总长 1277 公里，（城关乡段 2009 年开工建设）。2014 年 12 月 12 日通水。

南水北调中线工程城关乡段沿途经毛庄、马楼、闵沟、端庄、胡庄、田庄、王老庄等自然村，过双洎河进入新村镇境内。全长 6.8 公里，永久性用地 1666.36 亩。工程包括涵

南水北调中线工程、刘栓阳 摄

洞2处，穿省道S323（新商铁路倒虹吸）和穿双洎河（王老庄涵洞）；跨总干渠公路桥5座，分别位于马楼（自然村）西、端庄东、胡庄小学西、徐庄（自然村）西和王老庄（自然村）西南。

双洎河渡槽段工程是南水北调中线总干渠第Ⅱ渠段（沙河北—黄河南）的组成部分，工程位于新郑市西北约5公里、王刘庄村北，线路从观音寺镇十里铺村西北经毛庄（自然村）、小董庄（自然村）东、徐庄（自然村）西、王老庄（自然村）东至泥河寨（自然村）东过双洎河，再经吴庄（自然村）西、梨园（自然村）东、郝家岗（自然村）至周家湾（自然村）附近过黄水河。本单元渠段长1.8494公里。其中明渠长772.4米，建筑物长1077米，段内有各类建筑物6座，其中河渠交叉建筑物、左岸排水建筑物、铁路交叉建筑物、公路交叉、节制闸和退水闸各1座。本段起点断面设计流量305立方米/秒、加大流量365立方米/秒，本段终点断面设计流量305立方米/秒、加大流量365立方米/秒，本段渠道纵坡为1/26000。起点总干渠设计桩号SH（3）131+531.4；终点总干渠设计桩号为SH（3）133+380.4。工程部分静态总投资约6亿元。

供 电

1986年2月，为解决电力问题，决定筹建新郑火电厂。

1988年1月14日，1号1.2万千瓦发电机组建成并投运发电成功，当年发电5926万千瓦时。

1989年3月，2号发电机组并网发电。

从1988年1月投运发电开始，到1998年12月，新郑火电厂共发电22.2亿千瓦时。

1999年，新郑火电厂总资产3.5亿元，年发电3.7亿千瓦时，供热320万吉焦，年实现利税3000万元。

2000年，组建为河南新郑热电股份有限公司。

2008年，国家治理地方小火电厂，新郑火电厂关停。

2005年，110千伏胡庄变电站建成，主变容量增至290.6兆伏安，输电线路30条，总长度181公里。

2023年，高压线路87.7062公里，低压线路155公里，用电量57892721千瓦时。

1988 年的新郑火电厂

新郑 3×1.2 万千瓦火电厂

供 气

20 世纪 80 年代初，开始供应罐装液化气。液化气方便快捷，初期只是西关工业区和周庄、胡庄等区域居民使用，后逐步向边缘村庄发展。

20 世纪 90 年代中期，新中液化气站建成，至 2000 年全乡区域内基本普及。

2012 年，居易新城社区居民用上管道天然气。

2019 年，辖区内天然气主管网铺设基本完成，部分村庄由于用户不多，天然气没有引入居民家中，农村部分居民仍然使用罐装液化气。

2023 年，辖区居民基本实现天然气全覆盖。

排 水

2017—2023 年，城关乡实施村庄排水管网建设，主要涉及端庄村、王刘庄村、张庄村、东郭寺村、高皮匠村、西贾庄村、敬楼村、官刘庄村 8 个村。

端庄村雨污分流，污水排水管道长 6363.70 米。其中，管径为 DN300 的污水管道长 5752.55 米；管径为 DN400 的污水管道长 611.15 米。处理站 1 个，位于端庄村，处理规模 100 吨 / 天。提升泵 2 个，分别位于苏庄村（自然村）和范庄村（自然村）。生活污水经处理后达到二级排放标准。雨水排放单向砖砌暗道 0.6 米 ×0.8 米，长 6000 米，设平篦式雨水口 210 个，雨水排入村头沟里。

王刘庄村雨污分流，污水排水管道长 9305.88 米。其中，管径为 DN300 的污水管道长 7160.08 米；管径为 DN400 的污水管道长 1378.87 米；管径为 DN500 的污水管道长 486.93 米。处理站 2 个，分别是田庄站和王寨站，田庄站处理规模 40 吨 / 天，王寨站处理规模 75 吨 / 天。提升泵 1 个，位于王刘庄村。生活污水经处理后达到二级排放标准。雨水排放单向砖砌暗道 0.6 米 ×0.8 米，长 9000 米，设平篦式雨水口 310 个，雨水排入双洎河。

张庄村雨污分流，污水排水管道长 18601.85 米。其中，管径为 DN300 的污水管道长 14704.05 米；管径为 DN400 的污水管道长 3897.8 米。处理站 4 个：张庄站，处理规模 50 吨 / 天；杜庄站，处理规模 75 吨 / 天；小李庄站，处理规模 40 吨 / 天；头甲王站，处理规模 40 吨 / 天。提升泵 1 个分别位于王刘庄村，生活污水经处理后达到二级排放标准。雨水排放单向砖砌暗道 0.6 米 ×0.8 米，长 18600 米，设平篦式雨水口 601 个，雨水排入双洎河。

东郭寺村污水处理设备 刘栓阳 摄

东郭寺村雨污分流，污水排水管道长 22829.65 米。其中，管径为 DN300 的污水管道长 17726.45 米；管径为 DN500 的污水管道长 5103.2 米。处理站 3 个：东郭寺站，处理规模 200 吨 / 天；李楼站，处理规模 100 吨 / 天；孟天庙站，处理规模 40 吨 / 天；颜庄站，处理规模 20 吨 / 天。生活污水经处理后达到二级排放标准。雨水排水单向砖砌暗道 0.6 米 ×0.8 米，长 18600 米，设平篦式雨水口 760 个。经处理达到标准的生活污水及雨水排入村边沟内。

高皮匠村雨污分流，污水排水管道长 5057.4 米。其中，管径为 DN300 的污水管道长 4189.8 米；管径为 DN500 的污水管道长 867.6 米。处理站 1 个：高皮匠站，处理规模 150 吨 / 天，生活污水经处理后达到二级排放标准。雨水排水单向砖砌暗道 0.6 米 ×0.8 米，长 5000 米，设平篦式雨水口 200 个。经处理后达到标准的生活污水及雨水排入村边沟内。

西贾庄村雨污分流，污水排水管道长 13879.11 米。其中，管径为 DN200 的污水管道长 602.2 米；管径为 DN300 的污水管道长 12054.61 米；管径为 DN500 的污水管道长 1222.3 米。处理站 1 个，贾庄站，处理规模 250 吨 / 天，生活污水经处理后达到二级排放标准。雨水排水单向砖砌暗道 0.6 米 ×0.8 米，长 14000 米，设平篦式雨水口 467 个。经处理后达到标准的生活污水及雨水排入村边沟内。

敬楼村雨污分流，污水排水管道长 14279.08 米。其中，管径为 DN300 的污水管道长

11119.83 米；管径为 DN500 的污水管道长 3159.25 米。处理站 2 个：敬楼站，处理规模 150 吨 / 天；大张楼站，处理规模 100 吨 / 天。生活污水经处理后达到二级排放标准。雨水排水单向砖砌暗道 0.6 米 ×0.8 米，长 15000 米，设平篦式雨水口 500 个。经处理达到标准的生活污水及雨水排入村边沟内。

官刘庄村雨污分流，污水排水管道长 10800 米。处理站 1 个，提升泵 1 个。生活污水经处理后达到二级排放标准。雨水排水单向砖砌暗道 0.6 米 ×0.8 米，长 11000 米，设平篦式雨水口 450 个。经处理达到标准的生活污水排入城市污水管网，雨水排入村边沟内。

绿 化

着力实施“乡村林果化”“庭院花园化”“平原林网化”，大力推进全乡境内道路两侧造林绿化进程，加快平原林网及营造林工程。2020 年，完成新造林 2000 亩，乡道绿化 120 公里，新增苗木花卉种植 600 亩。双洎河湿地公园、西环路廊道建设等重点绿化项目如期完工，配合新郑市森林城市创建工作，全面完成农田林网控制率 100%，新建行政村小游园 25 个，高标准打造了镇区 1.2 公里绿化景观。

平原林网 刘栓阳 摄

南水北调干渠绿化带　刘栓阳 摄

环城防护林带　2010 年，城关乡环城防护林带建成，面积 66700 平方米，栽植大叶女贞、泡桐 1.5 万株。

道路绿化　2013 年，对省道 S323（原新密路）进行绿化改造，绿化总长度 2900 米，宽 30 米，行道树为垂柳、国槐、龙柏等，成为绿篱级绿化达标道路。2019 年年底，完成西环路绿化，绿化面积 600300 平方米；完成乡道绿化 120 公里，完成率 100%。

南水北调干渠绿化带　2015 年，城关乡对南水北调中线工程总干渠城关段进行绿化，干渠东、西两侧绿化宽度各 50 米，全长 6800 米，绿化面积 68 万平方米。栽植大量紫荆、百日红、红叶李、迎春、广玉兰、樱花、红叶石楠、龙柏、海棠等名贵花木。绿化带内修建有步道、亭子，供居民游玩、休息。

村庄绿化　绿地覆盖 7 个行政村，11 个自然村。2021 年，郑州市林业局确定城关乡东郭寺村为郑州市森林乡村；2023 年，郑州市林业局确定城关乡西贾庄村为郑州市森林乡村；2023 年，郑州市林业局确定城关乡端庄村为郑州市森林乡村。其中敬楼村建成森林公园多个，总面积 333500 平方米；东郭寺村建游园多个，总面积 40020 平方米。

湿地公园　在周庄东双洎河畔建湿地公园 1 个，绿化面积 133400 平方米。

2023 年全面推行林长制工作，压紧压实乡、村两级林长主体责任，构建属地负责、全域覆盖、源头治理的长效机制，以“林长制”实现“林长治”。林长制工作进入常态化的同时加强林业生态管护及现有林地的保护工作，配合市林业局对城关乡 12.7 公里的生

国道 G343 生态廊道　刘栓阳 摄

态廊道（由东从滨河路与新密路交叉口向西至国道 G343 小占庄村，辖区内由北向南的西环路）开展飞防作业，防治美国白蛾、杨树食叶害虫等有害生物，做好生态廊道管护，规范生态廊道管理工作。

环境卫生

1951 年，城关区开展以除害灭病为中心的清洁卫生运动，辖区内居民积极行动清洁环境。

1952 年，新郑爱国卫生运动委员会以城关区和辛店区为示范开展“五灭一扑”（灭蚊、蝇、虱子、跳蚤、白蛉，捕鼠）和“五净”（街道、院落、室内、厕所、畜圈）爱国卫生运动。

1958 年，灭“四害”（蚊子、蝇、老鼠、麻雀）为中心的爱国卫生运动，男女老少齐上阵，夜以继日灭“四害”。

1981 年，开展以建设卫生文明城镇及农村管粪改水为重点的爱国卫生突击月活动，搞管粪改水、改良厕所、猪圈、鸡窝、炉灶、整修下水道、建立自来水塔。

1985 年后，西关工业区逐步形成，推行“门前三包”（卫生、绿化、秩序）责任制。

2010 年，城关乡环卫所在全乡范围内招收 60 名环卫工人专业清扫西关工业区及全乡范围内的主干道。

2012 年，各行政村相继组织起专职环卫人员负责清扫村庄主干道，农村环境卫生逐步好转。

2016 年，城关乡将污水处理和垃圾清理作为改善农村人居环境的重点工作。

2023 年，硬化村庄主次街道，建设村庄游园，推动图斑整改；对辖区 8 家规模养殖场办理粪污处理用地手续，持续巩固农村垃圾、污水、厕所“革命成果”，推进粪污无害化处理、资源化利用；累计出动 1500 余人次，大型机械 120 余台，清运垃圾 3800 余处，人居环境得到整体提升。

党建政事

中共新郑市城关乡委员会

1949 年 10 月至 1950 年 7 月，全县设五个区委会，辖区归中共城关区委管理。

1955 年 9—12 月，辖区归中共辛店区委员会管理。

1955 年 12 月，撤销区级党政机构，辖区归中共东郭寺乡委员会管理。

1951 年 10 月 1 日，城关群众庆祝国庆两周年 刘栓阳 供图

1958 年 5 月 15 日全县划分为 14 个乡、1 个镇，辖区归中共官刘庄乡委员会管理。

1958 年 8 月人民公社化后，实行乡社合一，辖区归中共城关人民公社委员会管理。

1959 年 3 月，梨园人民公社并入城关人民公社。

1961 年 7 月 16 日，将原来的 7 个公社改建为 6 个区，城关为六区之一。

1962 年 1 月，恢复中共城关镇党委会。

1963 年 2 月，全县划分为城关镇和城关人民公社等 9 个人民公社。

1980 年 4 月，城关公社革命委员会改为人民公社管理委员会。

1983 年 4 月 26 日，城关公社党委改为城关乡党委。

1989 年 12 月，召开中共城关乡第四次代表大会，选举产生中共城关乡第四届委员会和中共城关乡纪律检查委员会。

1992 年 11 月，召开中共城关乡第五次代表大会，选举产生中共城关乡第五届委员会和中共城关乡纪律检查委员会。

1997 年 4 月，召开中共城关乡第六次代表大会，选举产生中共城关乡第六届委员会和中共城关乡纪律检查委员会。

2006 年 4 月，召开中共城关乡第七次代表大会，选举产生中共城关乡第七届委员会和中共城关乡纪律检查委员会。

2011 年 4 月，召开中共城关乡第八次党代会，选举产生中共城关乡第八届委员会和中共城关乡纪律检查委员会。

2016 年 5 月，召开中共城关乡第九次代表大会，选举产生中共城关乡第九届委员会和中共城关乡纪律检查委员会。

2021 年，召开中共城关乡第十次代表大会，选举产生中共城关乡第十届委员会和中共城关乡纪律检查委员会。

中共城关乡第四次代表大会　城关乡人民政府 供图

城关乡第八届人民代表大会　城关乡人民政府 供图

溪水湾社区党群服务中心　刘栓阳 摄

人大工作

1954 年 6 月，城关区召开首届区人民代表大会。

1956 年 12 月，召开第二届东郭寺中心乡人民代表大会。

1958 年 3 月，召开东郭寺中心乡第三届人民代表大会。

1963 年 2 月，召开第四届城关人民公社人民代表大会。

1980 年 4 月，城关人民公社人民代表大会恢复，设人大工作临时负责人；同年 5 月，城关公社召开第五届人民代表大会，全面恢复公社一级权力机关正常活动。

1987 年 10 月，城关乡设人民代表大会联络组。

1990 年 4 月，城关乡始设人大主席团常设机构。负责按照国家、省、市、县人大及政府要求，组织乡人大换届选举、召开乡人民代表大会、听取审议乡政府工作报告、选举乡政府组成人员、组织乡人大代表开展监督事宜。自此，乡人大机构不断完善，乡人民代表大会工作逐步走向规范。

1990—2002 年，乡人民代表大会每 3 年 1 届。

2002 年以后，乡人民代表大会改为 5 年 1 届。

城关乡人民政府工作

1948 年 10 月 31 日，新郑县人民政府成立，全县成立 5 个区政府，城关区为第一区。

1955 年 12 月，东郭寺中心乡成立。

1956 年 12 月，东郭寺中心乡更名为东郭寺乡。

1958 年 5 月，撤销东郭寺乡，建立官刘庄乡。

1958 年 8 月 18 日，城关人民公社建立。

1983 年 4 月 29 日，撤销城关人民公社管理委员会，设立城关乡人民政府，下辖 19 个行政村。

1998 年 4 月 1 日，乡政府驻地由县城南街搬迁至西关工业区。

2002 年，新郑市设新烟路、新华路、新建路三个办事处；将城关乡双龙寨、白庙范、小高庄、张龙庄、阁老坟 5 个行政村划出。至此，城关乡辖大周庄、胡庄、乔庄、端庄、沟张、王刘庄、官庄、张庄、小占庄、高皮匠、薛庄、东郭寺、敬楼、西贾庄 14 个行政村。

城关乡人民政府政务服务大厅　刘栓阳 摄

政协工作

2013 年 9 月，辖区成立城关乡政治协商工作委员会，负责办理好政协委员提出的议案、建议、批评和意见。目前城关乡拥有 4 个政协委员，分别来自工商、教育、医疗领域。

2023 年，政协联络办工作小组在市政协的指导下，在乡党委的领导下，积极引导委员认真学习，立足本职工作，委员通过调查、研究提出要求和意见，围绕中心、服务大局，全面履行政治协商、民主监督、参政议政职能，为促进全乡经济社会发展做出了积极努力。

群团组织

工 会

2000 年 6 月，城关乡工会工作委员会成立，并召开第一届工会代表大会。

2004 年 5 月 18 日，城关乡工会工作委员会召开第二届工会代表大会。

2011 年 7 月 19 日，城关乡工会工作委员会召开第三届工会代表大会。

2015 年 6 月，城关乡工会工作委员会召开第四届工会代表大会。

2000 年，乡工会建立，发展工会会员 35 名，后逐步建立村级工会联合会和企业工会委员会。

2016 年，建立企业工会 12 家，吸纳新入会会员 2300 人，至 2019 年年底，全乡建立村级工会联合会 14 家，企业工会 124 余家，会员发展到 3180 余人，职工入会率达 98%。

2015—2020 年，城关乡工会委员会整合社会资源，开展职工职业技能培训，培训 127 期，培训职工 5600 人次。乡工会积极投入到脱贫攻坚活动中，多方筹措资金 13.6 万元，发放慰问金 11.3 余元，发放物品面粉、食用油、大米等物品 262 份，慰问贫困职工 312 人。每年 10 月乡工会与乡文化站联合，组织全乡职工篮球赛。

2023 年，大力宣传创业就业政策，举办创业培训班，为 5 名自主创业人员成功办理申请小额担保贷款计 375 万元，为创业带动就业提供强有力保障；组织电工、叉车共 4 期创业技能培训班，共计参加学习培训 128 人，邀请市残联到城关乡开展残疾人职业技能培训，共有 80 名残疾人参加培训。

共青团

1950年，城关区团工委建立，基层学校、农村建立团支部。

1985年，城关乡团委建立，设书记1人，下设团总支4个，基层团支部56个。

1990年3月，乡团委组织青年服务队26个，义务为五保户、困难户、军烈属、孤寡老人做好事2300多件。

2000年4月，乡团委组织350名青年团员清明节期间到凤台寺烈士陵园扫墓，并对全乡青年团员开展爱国主义教育。

2012年，乡团委组织在王刘庄村开展大棚蔬菜种植技术培训，培训9期，350人次，实现每个大棚增收6000元，全乡大棚蔬菜增收120万元。

2019年，城关乡有基层团支部16个，团员1240人。乡团委号召青年团员积极参与创建“中华诗词之乡”活动，弘扬优秀传统文化，组建诗社5个，发展社员76人，举办诗词创作、吟诵培训班11期，培训学员320人次，出版诗集3期，为城关乡成功创建“中华诗词之乡”做出积极贡献。

2023年，城关乡有基层团支部58个，团员1043人。乡团委号召青年团员积极参加白居易文化系列活动，结合纪念白居易诞辰主题，开展白居易诗词创作、朗诵等各类活动3场。

妇 联

中华人民共和国成立后，辖区妇女开始学习党的有关方针政策，积极参加到工农业生产和政治、文化、体育等活动中。

1959年，城关人民公社组建妇女专业队，同男劳力一样顶严寒冒酷暑，吃住在工地，平整土地1330亩，扩大水浇地面积，保障粮食连年丰收。

1962年10月，城关区妇女工作委员会建立，各生产大队建立妇女代表会，设妇女代表1人。

1983年，城关乡建立妇女联合会（简称“妇联”），设妇联主任1人。乡妇联会下辖基层妇代会，设专兼职妇女干部1人。

1976年，城关人民公社组建妇女突击队，修建成胡庄村西新密路至王刘庄村道路，由于修路人员以妇女为主，这条路就被命名为“三八路”。

1990年，乡妇联招聘4名技师在城关乡开展职业技能培训，举办10期裁剪班、5期刺绣班，培训青壮年妇女800人次。培训带动城关乡毛皮加工业的发展，全乡人造毛皮加工个体户发展至6000余家，仅周庄行政村就有470余家，毛皮加工业一度成为城关乡的支柱产业。

2000—2003年，乡妇联会连续4年组织出资，带领150余名妇女去外地参观学习食用菌生产技术，通过不断地学习钻研、试验，食用菌生产在全乡逐步开展，形成规模，涌现出沟张村、贾庄村、张庄村、胡庄村、王刘庄村等一批香菇生产加工基地，解决农村妇女的就业问题。

2010—2020年，乡妇联与乡成人学校联合，对全乡妇女开展文化、健康和职业技能培训，各类培训达392期，培训妇女16000余人次，帮助5600余名妇女实现劳动力转移再就业。

2020年，乡妇联以创建“文明乡镇”为载体，开展“文明家庭”“美丽庭院”“好婆婆”“好媳妇”评选活动。评选出“文明家庭”100户，“美丽庭院”100户，“好婆婆”50名，“好媳妇”50名。

2023年，城关乡妇联组织开展免费孕前优生健康检查工作，共为96对夫妇进行了免费检查；为增强群众的卫生健康意识，组织医院到各村开展义诊活动3次；对辖区内5户计划生育困难家庭进行走访慰问，每户慰问金500元。

城关乡历年获得河南省级部分荣誉

获奖时间（年）	获奖名称	发奖机构
1995	河南省发展乡镇企业先进乡（镇）	中共河南省委、省人民政府
2015	全国优秀学习型社区	中国成人教育协会
2016	全国优秀学习型乡（镇）	中国成人教育协会
2017	全国社区教育示范性乡（镇）	教育部成职教司
2018	河南省2017年度先进基层党校	中共河南省委宣传部
2019	中华诗词之乡	中华诗词学会
2021	2020年度省级绿化示范乡镇	河南省林业厅
2022	河南省省级节水型单位（2022.1.6）	河南省水利厅 河南省工业和信息化厅 河南省机关事务局
2023	河南省红十字系统2023年“5·8人道公益日”人道资源动员工作爱心单位	河南省红十字会

城关乡历年获得郑州市级部分荣誉

获奖时间（年）	获奖名称	发奖机构
2020	郑州市文明村镇	中共郑州市委
2020	表扬人民满意窗口单位	郑州市信访工作联席会议办公室
2020	2019 年度平安建设工作优秀乡镇	郑州市平安建设工作领导小组
2021	郑州市先进基层党组织	中共郑州市委
2022	郑州市 2021 年度平安建设工作优秀乡镇	郑州市平安建设工作领导小组
2022	2022 年郑州市粮食机收减损技能大比武活动优秀组织奖	郑州市农业农村工作委员会
2023	2022 年度郑州市民政工作先进集体	郑州市人力资源和社会保障局 郑州市民政局
2023	2022 年度郑州市平安建设工作优秀乡镇	郑州市平安建设工作领导小组

乡域经济

LOCAL RECORDS OF CHENGGUAN

1963 年 8 月新郑西关发电站 城关乡人民政府 供图

发展历程

城关乡是典型的传统农业乡镇，农业一度在乡镇经济发展中占较大比重。党的十一届三中全会以来，城关乡工业发展迅猛，实力迅速增强。2023 年，社会固定资产投资完成 4.8 亿元，财政收入完成 1499 万元，社会消费品零售总额完成 3.9 亿元，城乡居民人均可支配收入完成 23249 元，全乡经济持续健康快速发展。

农 业

辖区海拔为 110 ~ 150 米，土地集中连片成方，土层深厚，质地良好，土壤肥沃，水利条件优越，旱涝保收，盛产小麦、玉米等，是新郑市优质粮食生产基地。中华人民共和国成立前，由于处于山区向平原过渡地带，境内高岗起伏、沟壑纵横，土地多是跑水、跑肥、跑土的“三跑田”。亩均小麦产量不足 60 公斤。20 世纪 60 至 70 年代，平整土地，兴修水利，使“三跑田”

小麦丰收 刘栓阳 摄

小麦丰收　刘栓阳 摄

变为保水、保肥、保土的“三保田”。1969年后，实行农作物品种更新换代，大力推广优良品种，同时开始追施化肥，产量大幅度提高，小麦由平均亩产200公斤，上升到450公斤，高产田达到亩产500公斤以上。

中华人民共和国成立初期，生产工具落后。1950年，引进少量气马车、解放牌牛拉水车。1960年，后出现了架子车、双铧犁、四轮拖拉机。1980年，开始用播种机、打麦机，1990年后开始使用联合收割机，农业机械广泛使用。经过多年的发展，形成了以王刘庄村、沟张村、官刘庄村为中心建设蔬菜生产基地；以小占庄、西贾庄、东郭寺、薛庄等村为中心建设养殖基地；以胡庄村、敬楼村为中心建设水果生产基地。

林果业是城关乡农业发展的一大特色。1965年，东郭寺大队在农田栽植桐树1.2万株。1966年，官刘庄大队农桐间作40亩，植桐树530株。1977年11月，新郑县农林局推广城关人民公社贾庄大队林场的“苹果苗快速繁育法”和胡庄大队第一生产队果园的“梨树人工授粉”等经验。1980年，城关人民公社果园面积为1421亩，水果总产量为30.5万公斤。1986年，果园面积达4535亩，水果总产量为120.3万公斤。桑园面积由1980年的8

小麦丰收 刘栓阳 摄

敬楼村玉米丰收 刘栓阳 摄

城关乡蔬菜生产基地 刘栓阳 摄

王刘庄村葡萄园 刘栓阳 摄

端庄村草莓大棚 刘栓阳 摄

亩增至1986年的121亩，桑蚕茧产量0.54万公斤。1991年，城关乡种植胡桑1300亩，当年交售蚕茧2.3万公斤，成为小占庄、王刘庄、张庄等村的支柱产业。1996年，实施以苹果为主的“万亩绿色工程”，苹果产量171.3万公斤。2016年，全乡水果种植面积发展到1430亩，并取得较好的经济效益。

改革开放以来，辖区形成“六大养殖基地”，即西贾庄养殖基地、敬楼养殖基地、东郭寺养殖基地、薛庄养殖基地、官刘庄养殖基地、小占庄养殖基地，品种有三黄肉鸡、乌鸡、山鸡、肉鸡、小尾寒

端庄村草莓大棚　刘栓阳 摄

桑园桑葚种植　刘栓阳 摄

1979 年薛庄大队种鸡场送蛋现场　城关乡人民政府 供图

1979 年薛庄大队种鸡场每年都养有“中原白”“中原黄”“中原黑”良种鸡，并利用这些种蛋孵化小鸡，这是该场“中原白”鸡群的一角　城关乡人民政府 供图

羊、瘦肉型猪等；建设了四个“良种繁育场”，即瘦肉型猪、小尾寒羊、三黄鸡、特种鸡繁殖基地；扩大“十个养殖小区”，以自然村为单位，即吴王、薛庄、颜庄、王刘庄、孟天庙、端庄、杨河、史庄、岳庄、高皮匠等自然村。

工 业

中华人民共和国成立前，辖区工业基础极其薄弱，境内仅薛庄、后门张（自然村）、官刘庄等村有少量的缫丝作坊，官刘庄村有赵家铁匠铺和张家木匠铺。中华人民共和国成立后，城关乡工业发展从无到有，逐步壮大。

1958 年，城关人民公社建立，办起养蜂厂。

1970 年后，社办企业迅速发展，先后办起砖瓦场、油毡厂、保温材料厂、面粉厂、人造毛厂等企业，从业人员 600 余人。

党的十一届三中全会以来，城关乡工业发展迅猛，实力迅速增强。1980 年后，兴办起防水材料预制厂、电器开关厂、机械厂、食品厂、服装厂等。

1987 年，城关乡工业企业发展到 539 家，从业人员达 9840 人。

1989 年 10 月，城关乡兴建西关工业园区。园区位于国道 G107 和新密公路交会处以西，由于工业区交通便利，热电资源丰富，吸引诸多工业企业不断向西关工业区聚集。第一人造毛皮厂、电器开关厂等一批乡镇龙头企业崭露头角。

1987 年第一人造毛皮厂生产的提花呢产品 城关乡人民政府 供图

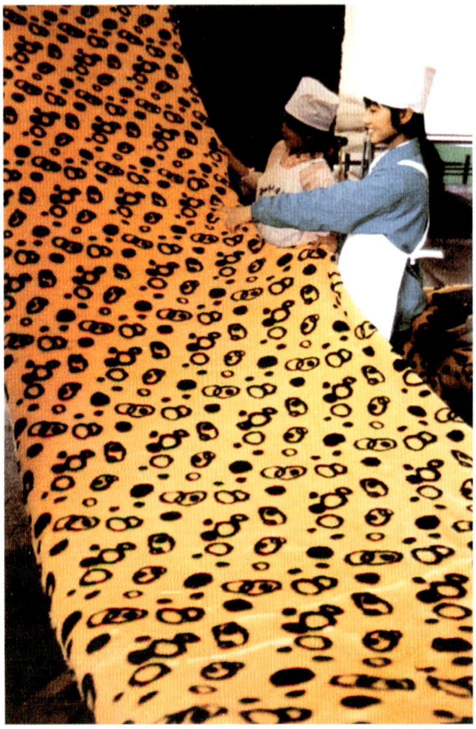

第一人造毛皮厂人造毛皮产品
城关乡人民政府 供图

1990年，城关乡工业企业发展到669家，其中乡、村办企业73家，非公有制企业596家。城关乡炒货食品厂荣获省一级企业称号，针织印染厂荣获省二级企业称号。

1993年，郑州市新兴水泥厂、陶瓷炉灶厂、郑州市金德恒实业总公司等企业组建成立。城关乡人造毛皮厂带动人造毛皮服装加工户达6000余户。

1995年，郑州市新台大根陶瓷有限公司成立，新产品高档坐便器填补了新郑陶瓷行业的空白。当年，城关乡工业企业发展到844家，全乡实现工业总产值7.8亿元，跨入郑州市30强乡（镇）行列。

1997年，城关乡工业总产值超过10亿元，利税突破1100万元，财政收入完成

20世纪90年代的金德恒实业总公司 城关乡人民政府 供图

20 世纪 90 年代新郑炒货食品厂产品

1993 年的郑州市新兴水泥厂

1995 年成立的新台大根陶瓷有限公司

1011 万元，成为新郑市首个突破千万元大关乡镇。

2023 年，持续开展“万人助万企”活动，全流程帮助企业办理工商登记、税务登记、项目备案等手续，全年帮办各类手续 136 件，服务企业 60 户；全年开展大招商“请进来，走出去”38 次，其中“请进来”32 次，“走出去”6 次；走访外地企业 20 余家，成功落地项目 2 个；谋划推动养老体系建设项目、镇区临时料场建设、创业园钢架结构项目、东郭寺灌装白酒项目等建设实施，其中谋划工业技术改造项目 4 个，实现固定资产总投资 1.2 亿。

服务业

随着经济发展和民生改善，城关乡商业批发、农家乐、采摘、民宿、乡村休闲游等第三产业服务业陆续兴起。2015 年 5 月，以徽派建筑为主题的餐饮酒店瑞和园生态酒店建成营业，位于端庄村北 300 米处，紧邻省道 S323，占地面积 21 亩，建筑面积 6000 平方米，总投资 1500 万元。2015 年 9 月，以生态、环保、养生为一体的大型综合酒店新郑居易生态园建成营业，占地 50 亩，总投资 6000 万元，拥有 20 余名员工，40 多间客房。

西关服装城

1991 年动工兴建，总投资 530 万元。服装城位于国道 G107 东侧，南北长 260 米，东西宽 66 米，占地 27 亩，建筑面积 3.2 万平方米，分内城、外城两部分，内外城共计商业用房 104 套房，内城建筑为西班牙城堡式，工程历时 4 个月完成，城内 100 多家商户开业，成为新郑服装商品集散地和旅游点，被列入新郑《91 闪光录》。2016 年，西关服装城拆迁。

洧水路名吃一条街

2000 年，城关乡洧水路名吃一条街，投入大量资金进行整改和治理，设计灯光工程，吸引客商前来开店经营，各地特色风味尽有，名吃门店达到 40 多家。2002 年，划归新华路办事处。

乡村休闲游 刘栓阳 摄

西关服装城

白居易故里

LOCAL RECORDS OF CHENGGUAN

白居易出生地

据唐白居易所著《醉吟先生墓志铭》:“大历七年正月二十日，生于郑州新郑县东郭宅（位于今城关乡辖区），以会昌六年□月□日终于东都履道里私第。”清乾隆四十一年（1776年）《新郑县志》卷十五《人物志》载:“白季庚，巩县令锽子也。其先太原人。锽罢令后，乐新郑风土，遂徙居焉。季庚建中初为彭城令时，李正己据河南十余州叛。正己宗人洧为徐州刺史，季庚说洧以彭城归国，因授朝散大夫、大理寺少卿、徐州别驾，赐绯鱼袋，兼徐泗观察判官。历衢州、襄州别驾。自锽至季庚世敦儒业，皆以明经出身。季庚生居易于郑州新郑县东郭宅，时大历七年正月二十日。”同书之卷五《山川志》载古迹:“东郭宅，详本志风土志，白居易所生，在县西十二里，宅今废。”同书之卷十一《祀祠志》福胜寺:“俗名东郭寺，在县西十二里，其地即白居易乐天生处。民国19年，村名、集市名、寺名合一，称东郭寺。”

白居易的童年和少年时代主要在新郑度过。据白居易所著《与元九书》:“仆始生六七月时，乳母抱弄于书屏下，有指‘之’字、‘无’字示仆者，仆口未能言，心已默识。后有问此二字者，虽百十其试，而指之不差。则知仆宿习之缘，已在文字之中每矣。及五六岁，便学为诗。九岁谙识声韵。”公元783年，白居易12岁，举家东迁避乱，离开新郑。公元827年，白居易除苏州刺史，自苏州至洛阳途中取道新郑并留宿故里，作诗《宿荥阳》《经溱洧》二首。

白居易故里建设

唐代，东郭寺名为东郭里。据清乾隆四十一年（1776年）《新郑县志》之卷四《风土志》所载唐新郑乡村名:“东郭里，代宗大历七年壬子，正月二十日，公始生于郑州新郑县东郭宅。”

清代及民国时期，东郭寺村曾建有乐天寨，又名东郭寺寨。据清乾隆四十一年（1776年）《新郑县志》之卷四《风土志》所载国朝街巷保村名，西路东郭保统村庄二十三处，集镇一处，东郭集（有集）。清朝末年，为自保安全，东郭集商户、村民出钱出力修墙筑寨。乐天寨修筑历时10余年，于1894年建成。寨子呈椭圆形，周长1500米，墙高10米，有东、西、南、北四个寨门，寨门上修建门楼，门楼内架设土炮，一旦有匪情周边村民迅

白居易故里　刘栓阳 摄

速进入寨子，关闭寨门，青壮年男子上寨墙守卫。

随着商贾聚集，东郭寺集市逐渐发展兴盛，成为当地的码头地带（交易市场）。从寨中间十字口分东、西、南、北四条大街，街上有杂货铺、粮行、药铺、丝行、染房、屠行、煤场等。

东郭寺称乐天故里有石碑可证。20 世纪 50 年代，东郭寺寨东寨门耳房内墙壁上镶嵌一块长 80 厘米，宽 50 厘米的石碑，横书“乐天故里”，墙体现余西北角一段 200 米长，最高处约有 6 米。

2006 年，白居易故里改造建设拉开序幕，上级政府投资 52.8 万元修建东郭寺公路。主干道宽 5 米，水泥路面，道路两旁栽行道树。东郭寺公路的修建改变了东郭寺村道路坑坑洼洼、垃圾堆积、交通堵塞的旧貌。街道两边建起服装店、面粉加工厂、日杂百货店等十几家商铺，商业重新兴起。

2010 年，福胜大道建成通车，从东郭寺向西至王行庄煤矿，全程 3.3 公里。

2014 年，对村内道路进行改造，修建香山大道和乐天寨路。香山大道位于东郭宅旧址东，南北走向，北起省道 S323，南至南小河，全长 2 公里，宽 5 米，是白居易幼年时的活动核心区域，因白居易晚年号香山居士而得名。香山大道西邻白居易故里和东郭寺小学，东边有白居易广场和城关乡第三初级中学。

2015 年，东郭寺村在村北建起高 10 米的白居易故里石牌坊，在东郭宅旧址（现为东郭寺小学）北面建成白居易故里园。故里园占地 10 亩，建筑面积 700 平方米，绿化面积 3000 平方米。分南、北两个院落，全部为仿古式建筑，正门朝东。进入正门，映入眼帘的是茵茵绿草和枝叶繁茂的花木，这里是故里园的南院，南院东面是绿化区，西面建一灯光篮球场，供村民健身运动；南面墙壁上悬挂白居易诗词条幅，北面墙壁上悬挂东郭寺村史条幅。从南院进入北院需跨过第二道门，正对二门是影背墙，正面雕刻着白居易诗词《宿荥阳》，背面雕刻着白居易的千古名篇《琵琶行》。绕过影背墙，整个院落尽收眼底，北屋（正房）前是白居易一尊坐像，汉白玉质，坐像前放一石质香炉。北

白居易故里园 刘栓阳 摄

屋（正房）为两层仿古式楼房，是东郭寺村史馆；东、西厢房是仿古式一层建筑，东厢房是白居易诗歌书画展室，里面悬挂着当地书画名家作品；西厢房是白居易事迹展室，主要展示白居易生平简介、幼年时的活动足迹、著名诗篇及文学成就。

白居易像　刘栓阳 摄

白居易故里南院　刘栓阳 摄

白居易故里北院院门　刘栓阳 摄

白居易故里正房　刘栓阳 摄

河南省非物质文化遗产——白居易传说

白居易传说在新郑已流传 1000 多年，历代不断，明清时期盛行。其传播途径一是在新郑及其周边县市的历代文人骚客中流传；二是通过历代文献传播。目前在新郑流传的白居易传说有 20 多个。2011 年，白居易传说列入第三批郑州市非物质文化遗产名录；2015 年，列入第四批河南省非物质文化遗产名录。

白居易的传说主要反映四个方面的内容：一是他童年时期勤奋好学、胸怀坦荡和立志报国的事迹；二是反映他为官以后的坎坷经历和他嫉恶如仇、关心民生的故事；三是反映他诗歌创作的伟大成就；四是反映他怀念家乡，重游故土的故事。

白居易传说地方特色浓郁、生动朴实，富有中原民间乡土气息，有较强的故事性和艺术感染力。其故事情节完整，生动感人，体现了民间文学的诸多特点。其传说一部分是现时的民间文学爱好者根据历史文献记载的白居易的故事改编的。

白居易传说对研究唐代诗歌的繁荣与发展有重要的参考作用，对研究白居易的艺术生涯及其作品的艺术特点、艺术手法有重要的借鉴意义；对研究唐代政治、经济社会、传统文化等的发展轨迹有参考价值。

“白居易”名字的传说

唐代宗大历七年正月下了一场雨，东郭宅村地势低洼，雨水横流。雨停后，村里泉眼日夜不停冒水，眼看这一带有被淹没的危险。正月二十这天，白家的男人们同村中居民一起在街上排水。白家的长媳陈氏在家里生下一个男婴。男孩虽说生得不是时候，但是祖父白鍠还是按捺不住喜悦的心情，给孙子取名“居易”。意思是说，在这里居住实在不容易，希望这个孙子将来命运能好一些，居住能容易些。

父亲白季庚连说：“名字好！好名字！《中庸》第十四章上说：‘君子居易以俟命，小人行险以侥幸。’即指处于平易而无危险的境地，素位而行以等待天命。不欺凌弱小，不攀附权贵，不怨天，不尤人，这应该就是君子修身正己的德行吧。《周易·系辞上》说：‘旁行而不流，乐天知命，故不忧。’孩子的字就叫‘乐天’吧。”

花仙赐书

白居易在新郑生活了11年，留下许多动人的故事和传说。传说白居易5岁时突然得了一种奇怪的病，什么药都吃过，大夫换了一个又一个，就是不见好转。街坊邻居都说这孩子恐怕是中了邪，劝白居易的母亲赶快找“神家”给驱驱邪。阴历三月初三这一天，刚好溱洧河边有集会，白居易的母亲急忙让家人套好马车载上白居易去集会上找“神家”驱邪。白居易躺在马车里病得迷迷糊糊的，朦胧间眼前出现一大片鲜花，转眼间鲜花不见了，眼前出现一位十来岁的小姑娘，小姑娘非常漂亮可爱。白居易就走向前问姑娘：“姐姐您叫什么名字？来到这里干什么？”小姑娘说：“我叫花仙，听说你很喜欢花，是特地来找你做朋友的，你愿意吗？”白居易回答：“当然愿意。”小姑娘又说：“既然愿意做朋友就得听我的。”白居易见花仙手里拿着一本书就说：“姐姐您把书给我，我才听您的。”说着就要去夺小姑娘手里的书。小姑娘一边把书高高举起，一边说：“我这就给你书，你可一定要听我的啊！”说完又接着念了四句诗：“生来受人夸，河边是我家。勤读我的书，诗名满天下。”

白居易一边答应着小姑娘，一边接过书来，仓促看了一眼，只见满书尽是一行又一行的诗歌，待要看个仔细，书突然不见了，那位叫花仙的姑娘也不见了，白居易急得直喊“姐姐！姐姐！”惊出了一身大汗，自己也醒了过来。

白居易把刚才梦里的事情告诉了母亲，母亲听了十分惊讶。白居易对母亲说：“我不去赶集了，我要回家让您教我念诗歌。”母亲只得让家人调转车头回家去。白居易跟着他的母亲念诗歌，两天后病竟然全好了。

6岁神童会解诗

白居易的母亲陈氏出身于书香门第，在教育子女方面很有方法，当她看到孩子们能够熟练应对的时候，脸上就会露出满意的微笑。接着再给白居易兄弟讲诗歌中的平仄、粘对、意境、诗眼之类的问题，让他们思考、练习。

外祖父陈润是当时有名的诗人。他的诗自然也就成为白居易兄弟的“教材”之一。母亲对孩子们的期望很大，要求也很高。她希望孩子们将来都能超越祖父、外祖父，不管是仕途还是文学。所以，孩子们背得最熟的就是外祖父的诗。知道母亲会时不时提问，孩子们学得非常用心。有一次，母亲看白居易有点心不在焉，就把他叫到跟前。先让他背《东都所居寒食下作》，白居易立即来了精神，朗声背诵：“江南寒食早，二月杜鹃鸣。日暖山初绿，春寒雨欲晴。浴蚕当社日，改火待清明。更喜瓜田好，令人忆邵平。”又让背诵《登西灵塔》：“塔庙出招提，登临碧海西。不知人意远，渐觉鸟飞低。稍与云霞近，如将日月齐。迁乔未得意，徒欲蹑云梯。”再背《阙题》，并解释它的含义。“丈夫不感恩，感恩宁有泪。心头感恩血，一滴染天地，”白居易解释道，“大丈夫并不是不感恩，感恩落下的就不只是眼泪。心头凝聚的是感恩的血，一滴就能够染红天地。”

母亲说：“解得不错！为人要懂得感恩，受益要懂得回报。”白居易点点头说：“我知道了，母亲。‘投之以桃，报之以李。’感恩天地，感恩朝廷，感恩父母，感恩朋友，并且要学一身本领，将来为国效力，为家乡造福，为百姓谋利。”

白居易读书很认真，母亲每教一篇诗文，他不但用功背诵，而且还细细领会其中的含义。因为深受家庭的文化熏陶和影响，他非常爱好文学，尤其喜欢诗歌。对古人的名篇百读不厌，不仅读还用笔抄写。不管是三伏酷暑还是数九严寒，从不间断。他的哥哥幼文劝他：“何必那么用功呢？不要当拼命三郎吧！”

他就告诉哥哥："要学诗，先要背诗，不下苦功怎么行呢？"

白居易勤学苦练，学问大有长进。他是怎样下苦功的？元和十三年（818 年），白居易 47 岁在江州司马任上，有《弄龟罗》写道："有任始六岁，字之为阿龟。有女生三年，其名曰罗儿。一始学笑语，一能诵歌诗。"诗中说龟儿 6 岁能通诗，诗人似乎从龟儿身上看到自己小时候的影子。又有《闻龟儿咏诗》，诗云："怜渠已解咏诗章，摇膝支颐学二郎。莫学二郎吟太苦，才年四十鬓如霜。"诗中通过对小孩子读书时稚气纯真姿态的鲜活描写："咏诗时手支着头，晃动着膝。"淋漓尽致地表现出作者对侄子阿龟的眷爱之情。同时，也表达出诗人对年轻时艰苦学习经历的感叹："我小时候吟诗太苦，所以才过 40 岁就鬓如霜雪了。"

白居易 6 岁就开始写诗，到 9 岁的时候，他就已经懂得声韵，能依照复杂的韵律写格律诗。他写诗以后就念给小伙伴们听，有时大人们也来听。因此村里的人都夸小白居易诗写得好，大家都叫他"小诗人"。

白居易想："大家能听懂我的诗就没有白写。如果写的诗，大家都听不懂，那写得再好又有什么用呢？"

于是他每写一首诗就念给村里的人听，有时还专门念给年纪大的老翁、老妪听。如果别人听不懂，就修改，然后再念一遍，直到人们都听懂为止。大家都说这个办法好。白居易的诗吸取了大量的民间口头语言，通俗易懂，受到广大劳动人民的喜爱。村里的老翁、老妪都知道诗的含义，村里的放牛娃、小姑娘都能背上几首。

白居易故里文化节

白居易出生于城关乡东郭寺村，自古至今，每年的农历正月二十白居易诞辰之日，东郭寺村民都有祭拜白居易的习俗。

2016 年 2 月 17 日，首届白居易故里文化节暨白居易诞辰 1244 周年活动在城关乡东郭寺村开幕。

2017 年 2 月 6 日，第二届白居易故里文化节暨纪念白居易诞辰 1245 周年活动在东郭寺村举行，开幕式举行了盛世龙腾、高唱诗歌、恭读祝文、鸣放礼炮、敬献花篮、净手上香、行施拜礼等敬拜白居易仪式。

2018 年 3 月 7 日，首届白居易故里诗歌文化周在东郭寺村白居易故里文化园开幕，

2017 年白居易故里文化节　城关乡人民政府 供图

来自河南省、郑州市的诗词学者，白居易后人和各界嘉宾通过敬献花篮、焚香祭拜、敬献美酒等方式缅怀白居易，并用配乐诗朗诵《溱与洧》《忆江南》、古乐演奏吟唱《宿荥阳》、乐舞敬拜等诗乐方式向白居易在诗词方面的成就致敬。文化周期间，先后举办了“听见 · 居易故里”音乐诗会、白居易诗歌品鉴会、白居易诗歌书画展、全民经典诗歌诵读等系列活动。

2019 年 2 月 24 日，由中共郑州市委宣传部、河南省诗词学会、郑州市文联、郑州人民广播电台、新郑市人民政府主办，中共新郑市委宣传部、文广旅、教体局、文联、河南省旅游发展促进会、城关乡党委政府承办的纪念白居易诞辰 1247 年仪式暨 2019 年新郑 · 白居易故里诗歌文化季开幕式在东郭寺村隆重举行，新郑 · 白居易故里诗歌文化季活动拉开帷幕，“乐天杯”全国诗词楹联大赛、“诗话乐天”白居易诗歌抖音短视频大赛、《听见 · 白居易》文创节目、白居易诞辰 1247 周年纪念仪式、“诗话乐天 · 醉吟新郑”白居易诗词文化品赏音乐会等 11 项活动接续亮相，整个活动季历时四个多月。

自此，城关乡历年举办白居易诞辰周年纪念活动和白居易故里诗歌文化节。2020—2023 年，白居易故里诗歌文化季暨白居易诞辰纪念活动采用线上 + 线下形式举办。

2019年白居易诗歌文化品赏音乐会 刘栓阳 供图

中华诗词之乡

城关乡文化底蕴丰厚，诗歌文化特色明显，洧水河畔是《诗经·郑风》的起源地，东郭寺村是白居易出生之地。对诗词的传承和热爱已经融入城关乡群众生活，写诗颂诗成为城关乡群众文化生活的重要组成部分。城关乡一直十分注重弘扬诗词文化，乡党委政府对文化资源梳理分析后，确定了诗词之乡的创建以白居易诗歌文化为主要依托，以白居易故里东郭寺村、居易社区、白居易故里文化园、东郭寺中学、东郭寺小学等作为诗词文化六进示范点，以点带面，全面推进创建工作。城关乡党委、政府把诗词之乡的创建作为实施乡村振兴战略和提升乡经济社会发展软实力的重要举措。创建工作领导小组积极向河南诗词学会进行汇报，得到了大力支持和具体指导，进一步理清了创建工作思路。成立新郑市诗词学会城关乡分会，具体负责创建工作的实施，目前已发展会员74人。乡诗词学会牵头，又成立10个诗社，依托诗社持续推进诗词文化“六进”，在东郭寺小学、城关乡初级中学进行诗歌朗诵专题培训会，将乐天精神、诗歌文化更好地传承下去。

诗词文化六进示范点——东郭寺小学 刘栓阳 摄

2018—2019年创建工作中，城关乡开展各种活动，邀请新郑市诗词学会、轩辕诗社会员专题创作有关城关乡风土人情的诗词；邀请专家学者对诗词文化的弘扬和白居易故里的建设建言献策；组织干部群众用诗歌讲述发生在老百姓身边的新变化，并将诗歌作品收集整理，汇编成册，出版诗集《党声民意》；与新郑电视台合作，制作《轩辕大讲堂——走进白居易故里》访谈节目；举办《新声音·郑在读》走进白居易故里专场诵读活动；创办诗词学会会刊《乐天歌》，举办诗词创作吟诵培训班，举办诗词创作大赛，使白居易诗歌精神进一步传承。

2019年12月，经中华诗词学会考核验收，城关乡被授予中华诗词之乡称号。

文物胜迹

LOCAL RECORDS OF CHENGGUAN

郑韩故城

横亘于河南中部平原上的郑韩故城，位于今城关乡一带，在双洎河（古洧水）与黄水河之间的三角地带。如今地面所遗存的古城墙仍蜿蜒起伏，连绵数十里，民间素有“四十五里牛角城”之称。据《竹书纪年》《史记》《汉书》等文献记载，它是春秋战国时期郑国与韩国先后建都的地方。公元前769年，郑武公灭掉郐、虢二国，在溱水（黄水河）、洧水（双洎河）汇流处建立了新都城（今新郑市区一带）。郑国在新郑传十四世22君，历时394年。公元前375年，三家分晋后的韩国灭掉郑国，韩哀侯把国都从阳翟（今禹州市）迁到郑国都城，到公元前230年被秦所灭，其间传九世，历时145年。郑韩数百年的建都历史，使得这片土地存留了丰富的春秋战国时期的遗迹与遗物，其中韩国王陵及其高级贵族墓地多分布在郑韩故城外，位居东、西、南、北四方区域。到2016年，共发现韩王陵及其高级贵族墓葬11处28座。

郑韩故城科学的考古调查与发掘始于1961年，近50年的时间内，基本弄清了郑韩故城内外的宫殿区、祭祀（社稷）区、宗庙区、手工业作坊区、墓葬区等遗迹的分布。1961年3月，国务院公布郑韩故城为第一批全国重点文物保护单位。2006年8—10月，为配合南水北调中线干渠建设，新郑市文物管理局对干渠占压的墓地南北长910米，东西宽125米区域内进行考古钻探，基本查清了墓地遗迹分布情况。2006年11月，根据国家文物局批文，河南省文物考古研究所组织实施对干渠占压部分进行抢救性发掘。春秋郑国墓葬数量约占30%，均为土坑竖穴墓。其中一座春秋墓葬长4米，宽2.2米，深4.6米。出土成组青铜器，为鼎、甑、敦、盘、匜等，在该墓的北侧还发现一殉马坑，殉马两匹；战国时期韩国墓葬数量约占60%，多为土坑竖穴墓，有少量的空心砖墓。其中一座中型战国墓葬长4.5米，宽3米，深6米，填土夯打而成。出土器物中一整体黄玉雕琢而成的剑鞘颇为珍贵；西汉墓数量约占10%，多为空心砖墓。墓地中的三个时期中小型墓葬排列密集，是典型的家族墓地。墓地中既有随葬青铜礼器的中型贵族墓葬，又有数量较多随葬陶器或陶礼器的小型墓葬。发掘中出土了数以千计的青铜器、陶器、玉器、骨器、铁器等随葬品，对研究郑韩两国的宗法制度和埋葬制度具有重大意义。

韩王陵

韩王陵于 1986 年 11 月 21 日被河南省人民政府公布为河南省第二批重点文物保护单位，2006 年 5 月 26 日，被公布为第六批全国重点文物保护单位（并入郑韩故城）。韩王陵是韩国各王的陵墓，已发现有 11 处 28 座陵寝，分布在城西、城南。城关乡辖区三处，分布于胡庄、暴庄、苗庄。每座墓葬都陪葬有不等的车马坑和贵族墓，形成了庞大的陵墓群。韩王陵规模之大，保存之完整，是我国现存战国时期各国帝王陵墓中所罕见的，是研究战国时期六国陵墓的重要实物资料。

胡庄韩王陵

胡庄韩王陵位于河南省新郑市城关乡胡庄村（自然村）的西北岗地上，是战国时期韩国国君陵墓，是东周时期郑韩故城外围的重要墓地之一。东距故城西墙约 1.5 公里。墓地为南北向长方形，长 910 米，宽 360 米，面积 32.76 万平方米，南水北调中线干渠呈南北向从墓地的中部和西部穿过，占压面积 11.375 万平方米。

胡庄墓地的中心是两座带封土的大墓，是战国晚期韩国贵族墓地中一组带双墓道的“中”字型王级墓葬，两墓均南北向，东西排列。两墓陵园南北长 264 米，东西宽 196 米，总面积 51744 平方米。陵园外围发现有三条近似椭圆形环状壕沟，组成陵区排水和防御体系。内侧环壕周长约 296 米，大部分已毁，仅存南部，西部拐角处及东部少许，残长 70 余米。壕沟上部残宽 1 ~ 1.5 米，残深 1 ~ 1.7 米。内侧环壕与中间环壕间隔距离约 23 ~ 25 米。中间环壕周长 616 米，南北长 180 米，东西宽 144 米，壕沟上部残宽 3.5 ~ 4.5 米。中间环壕与外侧环壕间隔距离为 17 ~ 22 米。外侧环壕周长 840 米，南北长 264 米，东西宽 204 米，壕沟上部残宽 3 ~ 12 米，残深 3 ~ 7 米。三道环壕均口大于底，壕壁呈斜坡状、壕与壕之间有沟通相连。这种排水和防御设施的布局体系只在东周时期陕西秦公陵有所发现外，仅存其一例。此次发现填补了其他战国诸侯墓陵园形态的空白。

2006 年 10 月至 2009 年 10 月，河南省文物考古研究所对干渠占压区的中部进行了发掘，发掘面积已超过 1.9 万平方米，分为西南、西北和大墓 3 个小区。发掘证实，胡庄墓地是以 1 处战国时期韩国王陵为核心的东周大型墓地，主要分为春秋中小贵族家族墓地、战国平民墓地、战国韩王陵 3 部分，还有少量的汉以后墓葬。

2011年3月至2012年1月，为基建工程开始后的抢救性巡护发掘工作，发掘面积共7068平方米，发掘区分为韩王陵园区和胡庄中学区，基本上将干渠中间60米宽开挖区内的陵园及以南区连成一片，使历次发掘成为一个整体。

两次发掘面积合计2.6万余平方米，最大限度地抢救了干渠内的古文化遗迹遗物。共清理春秋中小型墓葬91座，殉马坑1座；战国中小型墓葬376座，殉马坑4座，夯基沟1条；战国末年韩王陵1处2陵，陵园围沟3条，大型陵旁建筑基址1处，水井1眼，窖藏坑1座；西汉空心砖墓2座，以及少量宋、明墓和时代不明墓葬。初步统计，共出土鼎、敦、壶、舟、镜、编钟、编铃、带勾、璜、印、扣、条形器、戈、构件等青铜器765余件，扑首、节约、环、扣等银器46件，圭、壁、环、璜、印章等玉器151件，鑁、带钩、铁盒等铁器7件，鬲、盂、豆、罐、盆、敦、盘、鼎、壶等陶器400余件，环、簪等骨器46件，还有大量的铜镞、铜珠、骨贝、骨珠、玉贝等。发掘取得多项重要发现，被评为“2008年度全国考古十大发现”与“2007至2008年度全国田野考古奖二等奖。”

胡庄墓地是以2座高级贵族夫妇合葬大墓为核心的战国晚期韩国王陵。在出土的500余件珍贵文物中，有数十件铜器上保存“王后”“王后官”和“太后”刻铭。此次发掘，填补了韩王陵园形态的考古学空白，揭示了韩王陵筑墓和埋葬的顺序，印证了《左传》中有关“椁有四阿，棺有翰桧”的椁顶结构的记载，首次发现了韩国王侯级大墓棺椁的完整形态，是韩国王陵考古的重要突破，对东周陵墓考古学研究具有重大意义。2009年3月31日，获评2008年“全国十大考古新发现”项目。

暴庄韩王陵

暴庄韩王陵位于城关乡暴庄村（自然村）西侧，现存5座墓冢。分为南北两排，均为东西排列，由东向西依次编号为：南边一排为1号墓、2号墓，北边一排为3号墓、4号墓、5号墓。5座陵墓均夯土筑成，夯层9 ~ 12厘米，夯窝为圆形平地夯，直径约6厘米。

1号墓呈“中”字形，南北向，墓冢封土高约8米，周长60余米。南北总长94.5米，南墓道长48米，南口宽10米，北宽9.5米，北墓道长33.5米，北口宽9米。墓室平面呈方形，南北长13米，东西宽13.4米，填土为夯打五花土，以褐色黏土为主。墓南北两侧发现有5座方形陪葬坑。

2号墓冢封土高约12米，周长120米，封土下压两个方形墓葬，其中一座南北长6米，

郑韩故城（暴庄韩王陵） 刘栓阳 摄

东西宽 4 米，另一座长宽均 5 米。

3 号墓平面呈“舟”形，墓冢高 7 米，周长约 60 米，南北总长 55.5 米，两侧墓道宽约为 10 米，墓室最宽处 12 米，墓室与墓道无明显的分界线。

4 号墓平面呈“甲”字形，墓室位于北侧，墓冢高约 10 米，周长 120 米。该墓总长 36 米，墓道长 21 米，宽 7 米，墓室南北长 15 米，东西宽 10 米。

5 号墓平面呈“甲”字形，墓室位于北侧，墓冢高约 4 米，周长约 40 米。墓葬总长 29 米，墓道长 21 米，宽 8 米，墓室南北长 8 米，东西宽 12 米。

苗庄韩王陵

苗庄韩王陵位于城关乡苗庄村（自然村）南 1.5 公里岗地上，东西并排两座大墓，呈南北向。

东墓冢封土高 5 米，周长约 60 米，墓室平面呈“舟”形，封土略小于墓室，南北总长 97 米，南墓道宽约 8 米，北墓道宽约 8.5 米，墓室最宽 12.5 米。

郑韩故城（苗庄韩王陵） 刘栓阳 摄

郑韩故城（苗庄韩王陵） 刘栓阳 摄

西墓冢封土高 10 米，周长约 100 米，墓室平面呈“舟”形，南北总长 62 米，南墓道宽约 7.5 米，北墓道宽约 8 米，墓室最宽 10.5 米，墓深度约为 15 米。

两座大墓均为夯土筑成，夯层厚 9 ~ 12 厘米，夯窝为圆形平底夯，直径约 6 厘米。在陵墓北侧偏东有四个窄长方形陪葬坑，均为东西向。

郑武公墓

郑武公墓位于城关乡杜庄村（自然村）西北，新郑市级文物保护单位。清乾隆四十一年（1776 年）《新郑县志·祀祠志》载：“郑武公墓，在县西十里杜家村北，土人呼‘蜈蚣冢’。”此墓在 20 世纪 70 年代，农业学大寨中平整土地时被废。郑武公于公元前 771 年继位，为郑国东迁后在新郑建都的第一位国君。周都镐京被犬戎攻破后，武公与晋文侯、卫武公、秦襄公等辅助周平王东迁，建都洛阳。周平王为此命武公继承父位继续担任周王室的司徒。武公东迁后，先后灭掉郐和东虢国，在新郑的溱、洧二水之间建立新的郑国，其后灭胡国。公元前 744 年去世，在位 27 年。

凤台寺塔

凤台寺塔位于新郑市城南城关乡乔庄村烈姜坡，双洎河南岸台地上，为 2013 年 3 月 5 日公布的第七批国家级文物保护单位。北宋元丰四年（1081 年），于新郑县城南关凤凰台建寺院和浮屠（古塔）一幢。清乾隆四十一年（1776 年）《新郑县志》载：“凤台寺在南门外。”旧志载：“凤台寺在南门外建于宋大观三年，明嘉靖四十年洞林寺僧重修。今寺内浮图题铭有元丰四年。塔为砖筑九级叠涩密檐式平面六角形。通高 19.1 米。地宫内壁和斗拱等部位用黑、红、黄等色绘出各种花卉、飞禽、人物等。”据记载，凤台寺在凤凰台西侧，殿宇辉煌，竹林交映，河水萦绕，晚钟悠扬。寺内有殿堂数十间，有佛塔和寺钟。院内古柏桂树树龄数百年。寺内有文昌庙、准提阁，还有赵御众书金刚经六棱形石经幢。香火盛时，住有僧众 20 余人。凤凰台上佛塔高耸，花木争荣。塔旁有凉亭三间，供僧人礼佛。凤台寺毁于战乱，而唯有其塔还安然矗立在洧水南岸。凤台寺佛塔，面向东方，为六角九级叠涩密檐式砖塔，平面呈六角形，通高 19.1 米。塔身外形略呈抛物线形，由水磨青砖砌成外壁，灰浆添缝，造工精细，古朴雄伟。1965 年 7 月，河南省文物局对塔的地宫进行考古发掘。塔身之下砌有基台，台下筑有地宫。室内条砖铺墁，各转角处，均用立砖砌出小八角形倚柱。地宫的建筑结构与常见的砖筑仿木结构的宋代墓室基本相同，但它不是埋葬高僧灵骨和遗物的和尚墓塔，而是风台寺内礼佛的主体建筑之一，系存放佛经、法器之用。风台寺佛塔为研究宋代建筑和雕刻绘画提供了实物资料。

风台寺塔　刘栓阳 摄

福胜寺遗址

福胜寺遗址位于东郭寺村白居易故里北侧，是为纪念宋太宰、少师、崇国公、宿国公、燕国公、枢密院知事，赠太师、华原郡王郑居中（1059—1123 年）所建。清乾隆四十一年（1776 年）《新郑县志》记载："福胜寺俗名东郭寺，在县西 12 里。其地即白乐天生处，或曰宋太师郑公居中墓上寺也。今寺南三里许，有御书郑公墓。"原寺院占

地 63 亩，有东、西两个院落，东院三进深，有菩萨殿、老奶奶殿、老君殿 3 个大殿及钟楼、影壁、梧桐树等。菩萨殿内神像有如来佛、弥勒佛、四大天王、哼哈二将。院内有钟楼、铜钟 6 尺高，用大木杠撞钟，音响十里。四方香客来往不断，香火兴盛。西院为和尚常驻院。

王氏祠堂

王氏祠堂位于新郑市城关乡王寨村（自然村），为 2023 年 10 月 13 日公布的第三批郑州市级文物保护单位。清道光年间，王氏十二世祖汝舟念其宗祠未立，愧对列祖列宗，即在家族中倡议修王氏宗祠。族人纷纷响应捐款，修正室 3 间头门 1 间。至光绪年间十一世祖籂公发动王氏族人又建拜厦三间，院子中间用青石板砌甬道，四周垒围墙。1929 年，十三世族人王凤山等人又建东、西厢房。1931 年，十六世孙王兆麟、王锡麟等人又修建门楼一座，临街敞篷 6 间，大门两边增修厨房、厕所各 2 间，东厢房配隔扇一架，神楼一座，神台一座。至此，王寨王氏宗祠成为一所规制严整令人望而生敬的祭拜祖先场所。1937 年，抗日战争爆发，战争、灾荒连年不断，王氏族人为了生活四处奔波，宗祠无人看管，祖先无暇拜祭，墙倒屋塌，祠内陈设荡然无存，族人目睹伤心落泪。2000 年后，社会经济繁荣，民心稳定，王氏子孙尊宗敬祖之心油然而生，十五世孙王廷魁、十七世孙王惠民、十八世孙王松鹤倡议修祠，在十五世孙王廷扬、十九世孙王耀民的带动下捐资数万元修祠，对所有房屋内外全部修缮并补装脊兽甬道台阶，厢房内展示王家及当地文化遗产，教育子孙后代努力进取，服务民众，报效国家。王寨王氏祠堂是郑州市辖区保存完整的四所祠堂之一。

官庄遗址

官庄遗址位于新郑市区西 5 公里的城关乡官庄村（自然村）西 50 米处，已列入第三次全国文物普查名录。2003 年 9 月调查时发现，遗址南北长 150 米，东西宽 100 米，面积约 1.5 万平方米。遗址主要区域位于人和公路以东，20 世纪 70 年代挖沙时遗址遭到破坏，出土过大量的陶片和石器，采集到有彩陶钵、盆等陶器残片，还发现有大量汉、宋时期的建筑碎片。

王寨古寨

王寨古寨位于王寨村（自然村）北，建寨时间不详。古寨东、北两面紧邻双洎河，东面崖高20米，北面崖高15米，西、南两面是沟，崖高15米，高台之上即古寨。王寨古寨是双洎河水冲刷自然形成的一块高台，高台四周崖壁上生长着众多的古崖柏。古寨南北长250米、东西最宽处80米，寨子西南角有一寨门遗址，寨上仅存清代“小卧楼”一座，民国时期房屋两间，地面上随处堆积着明清时期的砖头瓦块和大块的鹅卵石。西面沟崖两侧有许多废弃的窑洞，荒草湮没。古寨西南方向隔沟相望有少许古墓，20世纪60年代平整土地时，挖出许多古墓遗址，出土有大量的秦砖汉瓦。1974年，王寨村民挖吃水井时，恰好挖到一古代水井。据传，王寨古寨原名“李家寨”，居民为李姓人家，因明末战乱，李姓族人为躲避战乱，全部迁居他乡，只留空寨一座。王老庄王氏长门六世祖王大浩领着三个儿子迁居古寨。由此“李家寨”改名“王家寨”，后来就叫王寨。王寨王氏家族以“仁、义、礼、智、信”教育后代，后代子孙多出文人雅士。清代，王寨王氏族人中考取举人者4人，王暉（清雍正丙午科举人）、王观潮（清乾隆甲寅恩科顺天举人）、王鈴（清道光乙酉科举人）、王诒焜（清道光乙亥科举人）；贡生1人，王赐彤（清乾隆年间贡生）；监生1人，王辛（清乾隆年间监生）。

文　物

蟠螭菱纹镜

战国，生活用品。1980年9月24日于城关乡端庄村出土。直径13.8厘米、厚0.3厘米。该镜圆形，圆钮座，三弦钮，钮外环绕三道凸弦纹。镜背面以云纹作地纹，主纹饰三组蟠螭纹，其身作菱形折叠状，互相缠绕。镜缘为低素卷边。

铜　甗

汉代，炊器。1992年6月27日城关乡周庄出土。通高53.5厘米。该器自下而上有釜、连接器、甑和盖四部分组成。釜，口径26.7，底径9.2厘米。平折窄沿，深腹，最大腹径在器上部，腹下部内收聚成小平底；连接器，短直领，斜肩，直壁，上口径 13 厘米，口沿内卷，直领内套于甑的圈足内。斜肩上铆有对称的两铺首衔环耳。直壁近口处微内敛，壁上有三孔均匀分布。孔径 0.2 ~ 0.3 厘米；甑，微内敛，口径 26.5 厘米，平折窄沿，腹深 13 厘米，最大腹径在器身上部，腹上部对称铆有两个铺首衔环耳，器内壁露出铆钉。腹逐渐内收，在底部形成小口圈足，圈足与连接器直领套连。圈足内镶铜箅；盖，亦可称釜，形状与釜相同，但口略小，口径 26.4 厘米，平折窄沿，腹深 15.2 厘米，小平底。折沿上均匀分布 3 个小圆孔。

蟠独纹三足铜盘

春秋（公元前 770—前 476 年），通高 14 厘米、口径 46 厘米、耳距 55 厘米，新郑市城关乡端庄村东北出土，新郑市博物馆藏。

蟠独纹三足铜盘宽沿外折，方唇，浅腹，平底。沿部左右对称有两附耳，两附耳根部弯曲，外部方形中空，面饰蟠螭纹；前后附有铺首衔环耳，铜环饰变形三角纹。盘腹外部饰蟠纹，腹与底连接部折圆角用凸弦纹装饰一周，盘底下其三个粗矮兽面形蹄足。

鎏金螭龙纹铜带钩

战国（公元前 475—前 221 年），通长 14 厘米、宽 3 厘米，新郑市城关乡徐庄村出土，新郑市博物馆藏。

鎏金螭龙纹铜带钩呈琵琶形，通体鎏金，钩身有浮雕式兽体纹，兽首分列带钩两端，作相应的对称排列。兽嘴修长，嘴唇凸起，兽眉弯曲，两耳作扁环状。带钩前端铸成鸟首形，从侧面看恰似一曲颈昂首的鸿雁。钩背螭龙体上有镶嵌装饰痕。

风土民情

LOCAL RECORDS OF CHENGGUAN

生活习俗

婚 嫁

中华人民共和国成立前，村民婚嫁，承袭封建宗法礼制，核心为“包办”，一切听从“父母之命，媒妁之言”，多数是娃娃媒，男女双方听媒妁之言后，先“属相”再合“八字”，讲究不犯“冲”或“克”；若双方属相合，就要探听摸底，看社会地位、看家庭经济状况，如果双方父母满意，双方子女同意，就通过媒人共同议定日期进行“传契”，俗称“换喜书”。男方付一定的钱帛（数目不固定）、首饰后，就算订婚。订婚后，任何一方不可更改和悔婚。但男女一般不到“择好儿”结婚不得私自相见。

结婚前，男方慎重择定结婚日子叫“择好儿”，同媒人携带礼金送“好儿期”到女方。从此双方开始筹备“娶媳妇”和“打发客”的一切事宜。

到“好儿期”这天，富裕人家，男方贴大红喜联，斗大的“双喜”字，人人身穿礼服，胸戴红布条，以示吉庆。娶亲队伍出发，大锣开道，彩旗花伞，并列前行，花轿紧跟，管乐齐奏，鸣炮燃鞭，新郎穿着盛装，十字披红，胸戴大红花，帽插金花，“娶客”们穿长袍短褂，头戴礼帽；在德高望重的“娶客”陪同下；新郎骑着高头大马，走在前面，领花轿上路，浩浩荡荡，热闹异常。

到女方家后，稍事休息，就向女方先人叩喜拜祖。拜毕，谢厨，随之由知名同族权威绅士相陪。以盛宴款待。饭后，男方炮手鸣炮三响，新娘用红盖头把头盖上，身穿大红袄裤，由送女客护送，沿红毡上轿。途中，经过街道、村庄有好事者在路中间设桌案备果品拦截，以示庆贺。新郎下马，“娶客”“送客”一起送上礼包相谢，花轿可以通过。花轿到达男方家后，先由女嫁客搀新娘出轿，再坐圈椅抬到大门口放下，过马鞍、跨火盆，以示“平平安安”“红红火火”，再沿红毡至天地桌前，按事先根据女新人属相确定的“应书”方位站好，走向公爹端的“享斗”（内放麦子、铜镜、秤杆、柏枝），先摸麦子，再同新郎一起拜天地、拜高堂、夫妻对拜。而后，女送客带着新娘入室（又叫洞房）。吉日这天，亲朋好友送钱帛衣物表示祝贺，主人以佳肴招待。晚上，新郎新娘交杯共饮，乡亲闹房半夜方休。如若洞房闹的人少，主家还要张罗叫人助兴。次日，男方长辈妇女引新娘上坟，敬拜先人后，再串门给近亲者叩头认门。三日后，新郎协同新娘到娘家认亲。

现在，婚嫁习俗已大大简化。

生 育

生儿育女是人生大事，新媳妇生小孩第三天，要向娘家报喜。如果是男孩，食盒内装鸡蛋 100 个，食盒上拴一只公鸡；是女孩，食盒内鸡蛋 100 个，盒上拴一只母鸡。娘家回礼是：送公回母，送母回公，食盒内回红糖、褥子、尿布等。第五天，亲家母去瞧闺女和外孙。三到九天之间，亲戚邻居要送礼探望，凡看孩子，均付见面礼。第九天“待米面客”叫“作九儿”，杀猪宰羊、大摆宴席，招待宾客，大户人家聘请戏班子唱大戏庆贺。中华人民共和国成立后，抬食盒报喜大有所减，其他习俗沿旧。“送米面”是报喜时商定的日期，该日，娘家把准备好的小米、白面、鸡蛋、挂面、红糖，还有小孩的衣服、斗篷、兜兜、花布、银饰等放在食盒里。食盒分四格，上格衣帽、中格鸡蛋，鸡蛋点红胭脂，下两格放米面、面条缠红线，装好后在食盒顶部用红纸十字封上，娘家近门或亲戚送米面多用提篼篮装上小米或白面上放 20 ~ 30 个鸡蛋，一块花布，婆家准备待米面客，中午酒宴招待。吃罢饭，娘家人要“看孩”，给孩子喜钱或金银首饰。20 世纪 80 年代，生儿育女合心意者，放电影庆贺。进入 21 世纪，“送米面”照旧，不过送的不再是米面而是现金，仪式更为隆重，场面更加排场，酒席从家庭转到饭店。

寿 庆

旧时富豪官绅家庭老人寿诞之日，下“请柬”邀亲朋好友祝寿，六十、七十、八十大寿尤为隆重，宾客亲朋送寿幛、寿糕等。主人设宴招待，还要请艺人唱“堂会”或唱大戏庆贺。平民百姓家庭父母寿诞之日，只是给老人送些礼品，或举家共进一顿团圆饭。20 世纪 80 年代后，“祝寿”渐多。老人生日，儿女送些寿礼，全家欢聚一堂，共食长寿面。出门闺女在其父母 66 岁生日时，除寿糕外，还送一大块肉，俗曰：“人活六十六，吃闺女一刀肉（即一刀割下一块肉不割第二刀）。”父母八十、九十高寿时，亦有演戏、放映电影庆贺。

迁 居

迁居或者搬入新房，亲朋送字画或者玻璃匾额等礼品庆贺，城关村民称为“燎锅

城关乡居易新型社区乔迁新居 刘栓阳 摄

城关乡居易新型社区乔迁新居 刘栓阳 摄

底”。儿子喜迁新居，父母给“燎锅底”的前天晚上发一盆面，办事当天送去，面发得越多越好，以示今后发家，同时再送几件餐具（即锅碗瓢盆）和现金，亲朋好友有的还送些礼物。“燎锅底”这种习俗，随着时代变化添了新内容，暗示着大家要经常来往，增加联系，加深感情。

开 张

店铺开始营业的第一天，人称“开张”，亲友们要送礼品、贺联、花篮恭贺，祝店主生意兴隆，财源广进。店家摆设酒宴款待，表示感谢。

分 家

改革开放前，城关乡流传一句俗话：“弟兄俩俩窝，弟兄仨仨锅。”弟兄们一辈子生活在一起的很少。分家一般是由孩子舅、村上有威望的管事人来主持，把房屋、家具、农具、树木、粮食、钱等生产生活用品，全部按弟兄几个大致平均分成几等份，价值上尽量均等，全家人都认为公平了，由娘舅主持抓阄，抓到啥是啥，不能反悔。也有极个别反悔的，认为分配不公，闹家庭矛盾。有句话叫：“分不平，打到明。”就是分家闹矛盾的真实写照。改革开放以后，经济条件好转，儿女们一般不会因为微小的利益惹父母生气，特别是计划生育政策实施后，家庭孩子少，经济好，多数家庭不存在分家之说，即使极个别家庭有分家行为，自己就处理了，用不着娘舅来主持公道。

庙会集场

集 市 清乾隆年间，有东郭集，集市天天有，延续至今。1980 年前，东郭寺集市黎明时分兴起，日近中午散，交易或“以物易物”，或货币购买；交易品种多为农副产品及畜产品。1980年后，随着改革开放和商品经济的发展，商品种类大量增加，服装、鞋类、床上用品、日用百货等琳琅满目。1986年，城关乡人造毛皮业畅销国内外，四方客商云集。在靳垌村形成人造毛皮营销市场，进而带动其他纺织品以及日用百货、农产品、副食品、餐饮业等行业的进驻。2009 年，孟天庙村西北铁路口南及官刘庄路口处形成集市，交易

城关乡乡村集市　刘栓阳 摄

城关乡乡村集市　刘栓阳 摄

商品主要是日用百货、蔬菜、畜产品等。

古 会 古会最初因朝神拜佛而兴起，定时间、定地点，以商品交易为目的，也是农村人走亲访友的日子。农村商品交易多以家畜、家禽（大多是马、牛、羊、猪、鸡等）、农产品、农具、日用百货、副食品为大宗；有包子、油条、豆腐脑、丸子汤等小吃；有吹糖人、捏面人、玩杂要等民间艺人表演。会址所在地村庄一般要请戏班子唱大戏，村民借此机会邀请亲朋好友前来看戏，准备好菜好酒招待宾客。如果是古庙会，庙址周围的村子都要待客，东郭寺、闵沟、王老庄、王寨的古会都属于庙会。1990 年后，为促进经济发展和居民生活需求，周庄、敬楼、端庄村民自发组织本村的集会。

物交会 1952 年，为扩大物资交流，在辖区组织物资交流会，一年二次，分别是农历三月二十八和公历十月一日，会期各 5 天。1958 年，取消集贸市场，城关物资交流会停止。1959 年，城关集贸市场恢复。1979 年，城关物资交流会恢复，密县、禹县、长葛、尉氏各县农、工、商、民以及郑州、开封、洛阳、许昌四市客商，云集新郑县城，展销商品。2002 年，城关乡东部的小高庄、张龙庄等村划归新华路办事处，物资交流会城关乡不再组织。

2019 年，城关乡古会、庙会和集会 15 个。东郭寺和周庄的集会规模比较大。

2023 年，因符合群众物质和文化生活需要，薛庄也于每年正月初八开展集会，有包子、油条、豆腐脑、丸子汤等小吃，有舞龙舞狮等民俗民艺表演项目，目前已举办两次。

古会 刘栓阳 供图

1980 年 1 月 20 日城关物交会活养市场的一角
城关乡人民政府 供图

城关乡古会、庙会、集市贸易交流会一览表

会址	日期（农历）	会期	会址	日期（农历）	会期
东郭寺	正月初十、四月初八、八月十五	各 1 天	敬楼	二月二十四	1 天
白居易诞辰	正月二十	1 天	端庄	三月初九	1 天
闵沟	正月二十八	1 天	后门张	三月十八	1 天
曹庄	二月初二	1 天	王老庄	五月二十五	1 天
官刘庄	二月十二	2 ~ 3 天	王寨	九月二十	1 天
张庄	二月十八	1 天	杜庄	十月十二	1 天
周庄	二月十九	1 天	马寨	正月二十	1 天
薛庄	正月初八	1 天	小占庄	二月初二	1 天

岁时节俗

春 节 农历正月初一，又称“新年”，辖区居民从腊月二十三祭灶开始进入过年状态：二十四除旧、打扫卫生；二十六置办年货；二十八贴春联、年画、大红福字；除夕阖家欢聚，吃饺子、年夜饭，辞旧迎新；正月初一晚辈给长辈拜年；初二到岳父岳母家拜年，走亲访友。传统的庆祝活动则从除夕一直持续到正月十五元宵节。

全国乡村春晚在城关乡敬楼村举办 刘栓阳 摄

志愿者义务给村民写春联 刘栓阳 摄

元宵节 农历正月十五，又称“上元节”“灯节”，白天有文艺节目会演，晚上点烟花、放花灯、吃元宵，薛庄等村有舞龙舞狮的表演，以此欢度佳节。

二月二 农历二月初二，又称“龙抬头”，传说是掌管风雨的龙王抬头的日子，辖区居民喜欢在这天给孩子理发，寓意“一年都有精神头”“未来有出息”等。

清明节 辖区居民有祭祖扫墓、给坟添土、门上插柳条等习俗，是一个纪念离世亲人的节日。

端午节 农历五月初五，又称“端阳节”，辖区居民有门上插艾、吃粽子、炸糖糕等习俗；各村庄、社区每年开展端午节包粽子等活动，弘扬传统文化。

中秋节 农历八月十五，人们有赏月、吃月饼、放花灯的习俗，中秋夜也是阖家欢聚的时刻，全家一起共享团圆；单位每年举办中秋文艺汇演的节目，为辖区居民送去欢乐。

重阳节 农历九月初九，又称“登高节”，有登高、赏菊、饮菊花茶、插茱萸的习俗；辖区会举办“重阳节敬老爱老”、免费体检等活动，慰问辖区老党员、老干部、空巢老人等，为老年人送上祝福。

城关乡元宵节文艺演出 刘栓阳 摄

2023 年小占庄“浓浓艾草香，端午送安康”敬老爱老主题活动 城关乡人民政府 供图

2023 年 10 月 23 日，城关乡“我们的节日·重阳”慰问活动 城关乡人民政府 供图

冬 至 又称“交九”，家家户户吃饺子，相传这天吃饺子一整个冬天不会冻坏耳朵。

腊八节 农历腊月初八，家家户户以五谷杂粮加上红枣等熬成腊八粥，象征五谷丰登，以此欢庆丰收。

方言土语

称 谓

旦儿——父亲

秀儿——泛指已婚的妇女或妻子

妮儿——女孩子

大大——伯母

老师儿——师傅、手艺人

末滴溜儿——排行最小的儿子或女儿

一条船——连襟、同一家女婿之间称谓

小舅子——妻之弟

大舅哥——妻之兄

小姨子——妻之妹

大姨子——妻之姐

爷儿们——父子、同族不同辈分的老少男子

娘儿们——母女、同族老小女子，也泛指妇女

弟儿们——同胞兄弟、堂兄弟

姊妹——姐妹

丈母娘——岳母

老丈人——岳父

姥爷——外祖父

姥姥——外祖母

生活用语

清起饭——早饭

喝汤——晚饭

茶饭——下午

晌午饭——中午饭

歇晌——午休

刀菜——夹菜

喷空、胡扯——聊天

撅人——骂人

胁活——叫喊

唧喳——说话声音杂乱或吵闹

犟嘴——顶嘴

破儿命——拼命

搭把手儿——帮忙

约莫——估计

脆咋着——无论怎样

墩儿——凳子

窝囊废——没本事的人

榆木疙瘩——头脑不开窍

顺毛驴儿——爱听恭维话的人

隔气——小孩斗气

娶秀儿——娶妻

愣头青——倔强、莽撞

待见——喜欢

缠经人——撒娇的小孩

可不得劲——身体不舒服

吃桌儿——吃酒席

支搁——应付

臊气——倒霉

绿莹莹的——鲜绿

皮实——小孩身体健康

对方儿——同名

一筏儿——同龄人

不诓人——不哄骗人

藏老猫儿——捉迷藏

撅断——折断

将将儿——刚才

踢拉板——拖鞋

过道儿——胡同

大约摸——估计

拿捏人——不好受

多早晚儿——什么时候

自 然

日头——太阳

月奶奶——月亮

蒙星雨——小雨

罗面雨儿——毛毛雨

冷子——冰雹

胧星明儿——天刚亮

东方亮——日出之前

苍黑儿——傍晚

贺上——夜晚

年根儿革儿——年底

上冻——结冰

响忽雷——打雷

今儿——今天

赶明儿——明天或以后

晌午头儿——正中午

前儿——前天

夜儿个——昨天

真这儿——现在

哪音儿——哪天

以先——过去以前

外现——野外

这一片儿——附近

人 体

心门头儿——前额

胡咙——咽喉

部老盖儿——膝盖

赤巴脚——赤脚

鼻窟窿儿——鼻孔

眼眨毛——眼睫毛

肚末脐儿——肚脐

脚螺丝骨——踝骨

光肚儿——赤身裸体

低脑——头

动植物

蜀黍——玉米

落生儿——花生

西瓜蛋儿——初生的小瓜

秧儿——植物藤蔓

金银菜——黄花菜

笋瓜儿——西葫芦

牤呕——公牛

草屯——母猪

臊胡儿——公绵羊

咕噜蜂——大马蜂

牙狗——公狗

牙猪——公猪

郎猫——公猫

鸡涝卜——鸡抱窝、孵小鸡

水马——母马

马驹儿——幼马

叫驴——公驴

草驴——母驴

呕犊儿——小牛

（牛）倒沫——反刍

夜蝙忽儿——蝙蝠

小虫儿——麻雀

大刀——螳螂

草皮子——狐狸

恶老雕——老鹰

扁嘴儿、呱呱儿——鸭子

咕咕喵——猫头鹰

蛛串——蚯蚓

明晃虫——萤火虫

叨树锛儿——啄木鸟

出出儿——蟋蟀

秋黄蛤蟆——青蛙

蛤蟆跟头儿——蝌蚪

麻依雀——喜鹊

其 他

老不出坦——有病了，不舒服

冒肚——拉稀

扯呼噜——鼾声

打盘儿——打算

觅人——雇工

费手——爱抓拿东西

晚几天——过几天

老跩——很阔气

老穰——体弱、办事能力差

弹蹬——双脚乱蹬

家私——劳动工具

熥罩儿——烘烤湿衣服的竹编用具

左撇子——用左手拿东西

抠索——吝啬

猜媒——划拳

红眼病——嫉妒

强势人——欺负人

不支事儿——不能办事

摔咕噜——摔跤

搞价儿——讨价还价

看好儿——择吉日

理料——整治人

冻着——感冒

捞摸——顺便偷拿

民俗艺术

传统美术

剪 纸 剪纸于2011年6月列入第一批新郑市市级非物质文化遗产名录。内容广泛、题材多样，花鸟、鱼虫、禽兽、戏曲人物、神话和民间故事无所不包。彩纸经剪剪刻刻，伶俐的飞鸟、乖巧的小动物和一朵朵充满魅力的花儿便呈现在眼前，“五谷丰登”“六畜兴旺”和“连年有余”等剪纸作品，表达了劳动人民对美好生活的向往和追求。其传承途径主要有两个方面，一是家族世传，过去的从艺者一般是靠长辈口传心授学来的。二是社会传承，剪纸流传广泛，十分活跃，艺人众多，邻里乡亲之间、同事朋友之间相互交流，是重要的传承方式。

传统舞蹈

舞　狮　舞狮于 2011 年 6 月列入第一批新郑市市级非物质文化遗产名录。舞狮具有深厚的历史和文化内涵，通过舞狮的表演，人们祈求祥瑞和吉祥，展示狮子的威武和力量，同时传承和弘扬中国的传统文化。舞狮通常由两名舞者扮演，一人扮演狮子头，另一人扮演狮子身体。舞狮头通常由竹子、纸板和布料制成，外形栩栩如生，具有狮子的特征。舞狮身体则由一件大型布料制成，舞者穿在身上，模拟狮子的动作。舞狮的动作多样，包括跳跃、翻滚、攀爬等。舞者通过身体的协调和灵活的动作，模拟狮子的行为，展示狮子的威武和力量。舞狮表演常在重大节日和庆典活动进行，如春节、元宵节和中秋节

元宵节舞狮舞龙　刘栓阳　摄

城关乡舞狮表演　刘栓阳 摄

舞龙　刘栓阳 摄

等。舞狮不仅是一种表演形式，更是一种文化的象征，展示了辖区群众对美好生活的向往和祝福。白居易的《西凉使》中有关于舞狮的记载："假面胡人假面狮，刻木为头丝作尾；金镀眼睛银帖齿，奋起毛衣摆双耳……"

舞　龙　舞龙于 2011 年 6 月被列入第一批新郑市市级非物质文化遗产名录。每逢喜庆节日，辖区群众都会舞龙，春节、二月"龙抬头"、端午节时节舞龙时，龙跟着绣球做各种动作，穿插，不断地展示扭、挥、仰、跪、跳、摇等多种姿势。村民以舞龙的方式来祈求平安和丰收。

推小车　推小车于 2011 年 6 月被列入第一批新郑市市级非物质文化遗产名录。又叫小车会、云车会，推小车主要的表演道具是小车。小车一般是用竹子或木料扎成一个长方形的框子，有两根手把，上宽下窄。搭有带彩球的布凉棚，下面的框围有色布，两边各画一个车轮。俊扮的娘娘在车内，腰间有两个钩子，将小车钩起。演员的前面装一双假腿如漏垫祖盘膝状，宛如娘娘盘坐在车上。推小车表演一般以锣鼓唢呐等乐器伴奏，表演动作

舞龙　刘栓阳 摄

比较接近生活，场面热烈，小车会主要表演的是走平路，走弯路，走泥路，上坡，下坡，上桥，下桥，卧车等；丑婆要表演耍烟袋、转手帕、卧鱼叼花；盲人要表演丢马杆、过河；和尚要表演转佛珠、翻扑等武生动作。

二鬼扳跌 二鬼扳跌于2011年6月被列入第一批新郑市市级非物质文化遗产名录。俗称“鬼摔跤”，由1人表演。演前先用竹篾或木棍制架，做成两个上半身相抱的“鬼”造型。演出时表演者同时表演两个人的动作，将表演道具系在自己的腰部，弯下腰去，两只胳膊和两条腿分别扮作两“鬼”之下肢，做进、退、拉、推、摔跤、翻滚等动作，不受场地限制，随时随地可进行表演。

张公背张婆 张公背张婆于2011年6月被列入第一批新郑市市级非物质文化遗产名录。传统制作中首先是用泥雕塑成像真人一样大小的张公头与脖子模具，待泥塑模具干后，用糨糊将麻纸和细沙土，一层一层地往泥塑模具的头部和脖子部分裱糊，每裱糊一层要用手将纸压得实实的，特别是面部的五官部位，一定要裱糊细致，使眉、眼、鼻子和嘴都清楚可见。这样要裱糊十多层，待裱糊纸干后，将糊好的纸从头部的中间部位用刀裁成两半，取出泥塑模具，再将裁成两半的头和脖子对好，用糨糊和麻纸把头和脖子从里到外都黏合好，最后上腻子着彩装饰成老汉头部形象。然后，就是用竹子来编制老汉上身和双臂骨架、老婆的双腿和小脚骨架。在演出时，将老汉的头部和上身双臂绑在表演者的前胸部位，老婆的双腿绑在表演者的后背、下部和腰间部位，最后将服装穿好。“张公背张婆”的传统节目，便可上街头进行表演。近年来，经过改造道具又叫“猪八戒背媳妇”，从内容上和表演艺术上增添了不少幽默感和观赏性。

传统手工技艺

薛庄舞狮道具制作技艺 薛庄舞狮道具制作技艺于2011年6月被列入第一批新郑市市级非物质文化遗产名录。传承至今有150多年的历史，传统工艺属纯手工制作，手艺人在传统核心技艺的基础上，逐步改进部分技术和工艺流程，讲究用料，基本保持原始的纯手工制作流程与工序，其造型和表演技巧都是北狮风格。目前纯手工做一张狮皮仍需20天时间才能完成，制品先后于江西、浙江、郑州、洛阳、许昌、开封、长葛、新密、中牟、巩义等地演出使用，受到舞狮人的一致好评。

张记酥饼制作技艺 张记酥饼制作技艺于2024年1月被列入新郑市第四批非物质文

化遗产代表性项目名录。清末光绪年间，由张官堂传承江西宫廷糕点师吴师傅技艺而来，至今已有 120 多年。张记酥饼主要通过家族秘方传承和师徒教授传承的方式，在尊重原始口味和制作秘方的基础上，沿袭祖辈的制作工艺，不断创新产品花样，至今已形成以桃酥、瓜子酥、芝麻酥、老婆酥、花生酥以及老式五仁月饼为主打产品的 30 多个品种，成为新郑市的特产之一。2023 年年底在新郑市区拥有两家连锁直营店，分别位于洧水路东段、文化路北段。

杨河豆腐 城关乡乔庄村、李垌（自然村）、杨河（自然村）等村部分村民世代以做豆腐、卖豆腐为生。其中，以杨河豆腐最为著名。杨河村（自然村），有 30 多户，140 多人，家家户户做豆腐，杨河豆腐的特点是：皮色发黄好看，切开嫩白而细腻，上锅炒不烂不碎，生吃味道纯正。民国时期，杨河豆腐就以质优味美闻名，生产的豆腐主要供应县城各大饭店及大户人家。中华人民共和国成立后，杨河村的豆腐生产规模扩大，产量、质量有了很大提高，在满足市场的同时，也促进了杨河村经济的发展。20 世纪 70 年代，做豆腐是杨河生产队的主要副业。《河南农民报》于 1980 年 7 月 23 日头版头题报道《七辆豆腐车搞活一个队》。

官刘庄马车棚 中华人民共和国成立前后，官刘庄村打（制作）马车棚在周围二三十里有名气。马车棚有大木轱辘马车棚，一般都是骡马拉，也有较小的铁轱辘马车棚，一般是牛、驴拉的。中华人民共和国成立前，马车是主要交通运输工具，个别经济条件较好的农户有较小的车棚，也叫辕车。官刘庄匠人不仅会打（制作）马车棚和辕车棚，也会打（制作）带外把的车棚。打马车棚需要铁匠配合，因为马车棚上的附件勾、鼻、带宝盖大铁钉等需要根据马车棚的规格和样式定制。特别是车轴上还附有生铁铸造的车箭子和穿条，木轱辘上附有铁质辐条（起耐磨作用），这些都需要现场制作，也是官刘庄铁匠的“绝活儿”。制作一辆优质、耐用的马车需要木匠和铁匠的紧密配合，因此，官刘庄历史上有“张家木匠、赵家铁匠”一说。需要打（制作）马车棚时，买主要提前打招呼定做，样式、尺寸、规格及特殊要求都要提前说明。官刘庄村马车棚的特点是榫眼活儿好，严丝合缝、硬实，耐用，轻快，桐油刷过后，漂亮、耐腐蚀。1984 年，实行家庭承包责任制，分地到户，大马车停止使用，官刘庄村不再制作马车棚。

敬楼酱色 敬楼村是辖区西南部的一个村，南和观音寺镇搭界，西与辛店镇相连，有 7 个村民组，2600 多人，是 20 世纪 80 年代前后闻名全国的酱色生产基地。酱色的生产原料是红薯渣，主产区是禹州、襄县等地，经过大铁锅熬制成为酱色，颜色好看，增加食欲，是兑制酱油、醋的添加制品。1972—1984年，是大集体时和责任制初期敬楼村的主要副业。鼎盛时期全村各生产队共有14家生产作坊，46口大锅熬酱色。有近200人从事该项生产，形成产业链，有人购料运料，有人负责生产，有人负责装桶，桶外缠草绳，拉到新郑火车站上货。有多名专职业务员负责销货，产品优质深受全国各地用户欢迎。《河南农民报》《郑州晚报》曾于1984年3月26日一版和3月22日二版作报道。敬楼村的酱色生产还扩展到西贾庄、沟张、乔庄等村，成为城关乡的一项支柱产业。

毛庄席篓 20世纪70年代以前，毛庄村（自然村）席篓是远近闻名的产品。该自然村有100多户，600多口人，分前后两个生产队，有近30家农户会编席握篓，特别是席篓，编得有样、结实、耐用，大中小号齐全，用的材料有高粱秆、苇子、荻子等。集市售卖时，大号套中号，中号套小号，一头好几套，用长扁担挑着。过去人们用席篓盛粮食、红薯干、破衣服、被子、旧棉衣烂套等杂物，是生活必需品，家家离不了。编席篓是一项技术活，从原材料到破篾子、潮湿、用碌碾、刮篾子去芯，然后是编、握角、握沿等，程序繁多，最后才是产品。除毛庄（自然村）外，相邻的贾庄（自然村）、史庄（自然村）也有人会编。毛庄的高二华是编篓好手。会编篓的人，都会编铺床席、包席（供销社打烟包、粉条包）。有句俗话说："编席握篓，养活几口。"改革开放后，随着经济的发展，商品极大丰富，塑料制品、金属制品大量出现，席篓被逐渐取代，毛庄席篓消失。编席篓这项民间席篓手艺濒临失传。

后门张竹篮 后门张村（自然村）许多人会竹编手艺，所编燏罩、粪叉、筢子、馍筐、竹篮、竹筛子等竹货远近闻名，特别是竹篮、提斗蓝是当地名产。后门张（自然村）老竹编匠会编的老物件很多，有老农具竹筢、粪叉、牛笼嘴，有给孩子在灶火台上燏尿布、衣服的燏罩；有走亲戚放点心盒、月饼、蒸馍用的竹篮；有给小孩、妇女送米面用的不会漏米面的提篼篮，下面装米面，上面摆一层红点鸡蛋，外盖几尺花斜纹布。人们走亲访友都离不开它。民国时期不是每家都有提篼篮、求邻居借用的很多，使用频率很高。改革开放后，老规矩逐渐发生变化。老竹编农具有的被淘汰，有的很少用，有的被替代。因此，老竹编用品越来越受冷落，市场萎缩。许多老竹编匠被迫改行。有的老竹编匠们看到人们生活改变的现实，认识到人们越来越重视美化环境，讲究艺术，产生了时尚化的新观念，经钻研设计出新的竹编、塑料编织带编织的产品，有冰箱内使用的新颖竹编小筐，有造型美观的花篮，小孩玩的绣球等装饰品，吸引顾客，招揽生意，市豫剧团工作人员还慕名找他们编道具。老匠人紧跟时代发展变化的创新做法，让竹编发展有了好前景。

艺文

锦堂春色

清　李一榴

尽日春城有鹧鸪，
旧家烟柳隔平芜。
而今多少神明宰，
若个贤似古大夫。

塔寺晚钟

清　刘桢

野寺高盘千仞峰，
暮僧塔下批寒钟。
钟凭塔韵开三味，
塔引钟声彻九重。

溱洧秋波

清　冯嗣京

一天秋水带沙明，
晚唱芦花伴我清。
到得银河平似镜，
寒潮流月夜无声。

南桥风雪

清　李一榴

溪山如练净无尘，
才著素衫便有神。
持与云林将入尽，
只消添个幅巾人。

清顺治十六年（1659年）《新郑县志》八景图之“溱洧秋波”

清顺治十六年（1659年）《新郑县志》八景图之“塔寺晚钟”

梳洗台

明　姜分司

郑姬渺何许，
危台今尚存。
地委像梳缺，
土蚀菱镜昏。
秋风悲白鹤，
夜月号清猿。
我时访遗迹，
感慨伤心魂。

和十二兄

宋　晁冲之

我家溱洧间，春水色如酒。
嵩少在吾旁，日夕意亦厚。
田园虽不广，幽兴随事有。
药畦灌陈根，芋区采骈首。
春郊饷耕徒，秋社接酒友。
饱诵传家书，促酿供客酎。
益知简易真，未愧疏拙丑。
迩来居东都，无色不见柳。

洧　水

明　孙原贞

二水并东注，映带城南北。
往来行路人，病涉今犹昔。
缅怀乘舆济，存心惠为德。
古道谁复然，川流日不息。

凤凰台

明　刘经

崇台洧水滨，昔有凤凰集。
朝阳不复鸣，荒基徒屹立。
漠漠飞尘红，萋萋木草碧。
凤兮去不回，使我长叹息。

溱洧问渡

明　黄肃

涣涣溱与洧，
春流快沦浃。
长怀济舆人，
抗声歌苦叶。

清顺治十六年（1659 年）《新郑县志》八景图之“南桥风雪”

凤台

明 吴道明

人传百鸟满山隈，凤去今犹见凤台。
一望丹丘千万里，不知此日为谁来。

双洎河

清 吕履恒

双洎河滨带石田，霜清水落响秋烟。
独怜鸿雁孤城影，却羡登临九月天。
楚客渔盐通野市，吴姬庖湢在江船。
渔灯社鼓新来盛，父老犹传集凤年。

洎河月夜

清 沈荃

双洎澄波静，秋清月复明。
乘槎应有客，不待海潮生。

广惠桥

清 赵士麟

欲免涉者寒，遂令涉者载。
桃李垂街衢，昔人颂遗爱。

双洎河 刘栓阳 摄

名人与名乡

LOCAL RECORDS OF CHENGGUAN

历史名人

白季庚 唐巩县令白锽之子。其先太原人。锽罢令后，乐新郑风土，遂徙居焉。自锽至季庚世敦儒业，皆以明经出身。季庚建中初为彭城令时，李正己据河南十余州叛。正己宗人洧为徐州刺史，季庚说洧以彭城归国，因授朝散大夫、大理少卿、徐州别驾，赐绯鱼袋，兼徐泗观察判官。历衢州、襄州别驾。季庚生居易于郑州新郑县东郭宅。时大历七年（772 年）正月二十日也。（采自《唐书白居易传》及《香山年谱》）

白居易（772—846 年），字乐天，号香山居士，河南新郑（今郑州新郑）人，是中国文学史上负有盛名且影响深远的唐代诗人和文学家，与李白、杜甫并称唐代三大诗人，为中国古代诗坛最璀璨的三颗明星。白居易祖籍山西太原，其曾祖父迁居下邽（今陕西渭南北），其祖父白锽又迁居河南新郑。唐代宗大历七年（772 年）正月二十，白居易出生在新郑城西的东郭宅（今新郑市城关乡东郭寺村）。白居易晚年长期居住在洛阳香山，号称“香山居士”。会昌六年（846 年）八月，白居易卒于洛阳，享年 75 岁，葬于洛阳香山。白居易保持了自己一贯的高尚情操和气节，加上他的诗文成就，所以为世人所敬佩。江州、忠州、杭州、苏州、洛阳等地均为他立祠纪念。

白居易出生地——东郭寺村 摄

2015 年，在白居易的出生地城关乡东郭寺村，建成白居易故里园。2016 年 2 月 27 日（农历正月二十），城关乡人民政府在白居易故里举办第一届白居易故里文化节。

白行简（776—826 年），字知退，小字阿连或阿怜，出生于新郑市城关乡东郭寺村，白居易之弟、唐代文学家。元和二年（807 年）进士及第，授秘书省校书郎，元和中卢坦出任东川节度使，招白行简为掌书记。元和十二年（817 年）卢坦去世，白行简离开东川幕府，于次年春取三峡水路归浔阳与白居易团聚。元和十四年（819 年），白居易任忠州（今重庆市忠县）刺史，白行简随其兄前往，次年又随兄到长安。授职左拾遗，累迁司门员外郎。宝历元年（825 年）转迁主客郎中、加朝散大夫，后又转任度支郎中、膳部郎中。宝历二年（826 年）冬，白行简病卒，时年 52 岁。著有文集 10 卷（一说 20 卷）。作品多已散失，现存诗 7 首，赋 20 篇。《李娃传》又名《汧国夫人传》，是中国唐宋传奇中最优秀的作品之一。白行简还撰有《三梦记》。三梦皆篇幅短小，文辞简质，而情节颇为离奇。《聊斋志异》中的《凤阳士人》一篇即受其影响。

郑居中（1059—1123 年），字达夫，开封府新郑人，宋徽宗时太宰。崇宁年间（1102—1106 年），历任起居舍人、给事中、翰林学士等要职。大观元年（1107 年），罢郑居中知枢密院为观文殿学士。政和年间（1111—1118 年），郑居中任知枢密院事，累官特进。当时蔡京手握重权、专横跋扈、变乱法度。致使宫廷不和，国民不安、民怨甚多。郑居中经常把蔡京所为进言于皇帝。宋徽宗任郑居中为太宰，力存国家纪纲、遵守皇帝所立律令。宣和五年（1123 年），郑居中卒，年 60 岁。朝廷视郑居中功德赠太师、封华原郡王、谥号“文正”。赐葬新郑城西东郭宅。宋徽宗亲表其墓碑：“政和寅亮醇儒文正郑居中之墓。”其墓前建立寺院，为福胜寺。如今墓寺俱废。

英模人物

胡兴礼（1911 年—1947 年 3 月），又名建华、景涛，新郑市城关乡小占庄村人。革命战争时期，胡兴礼心怀革命理想，毅然加入中国共产党，在家乡积极宣传革命思想，组织贫苦农民同反动政府、土豪劣绅做斗争。1933 年，胡兴礼任中共新郑县委书记。1944 年，参加皮徐支队独立团，英勇抗击日本侵略者。1946 年春，被国民党反动军队逮捕。1947 年 3 月 23 日，牺牲在监狱中，年仅 37 岁。中华人民共和国成立后，新郑县委、县人民政府追认胡兴礼同志为革命烈士。

王实虚（1914 年—1973 年 12 月），又名王保善，城关乡李楼村（自然村）人，中共党员。1931 年，在新郑县西人和寨参加读书会。1934 年，在县城二中建立共青团新郑中学支部。1938 年，参加工作。1945 年 6 月，新郑县抗日民主政府成立，王实虚任政委，配合密禹新独立团，粉碎了日军围剿，使日军不敢进攻解放区。中华人民共和国成立后，王实虚分配到黄河委员会任教育科长。1973 年 12 月 25 日因病逝世，终年 59 岁。

史松山（1921 年 10 月 20 日—2006 年 1 月），男，城关乡西贾庄人，1945 年 4 月，参军入伍，在王树声大将部下当过通讯连班长。1946 年，因中原突围中部队失散而返乡务农。后落实党的政策，享受一定待遇，抗日战争胜利六十周年，获得国家颁发的纪念章。

高栓柱（1925 年 6 月—1978 年 11 月），城关乡小高庄村人。1950 年，村里成立农民协会，被选为农民代表。1954 年，成立农业生产合作社，被推选为社长。同年，加入中国共产党。1956 年，村里建立党支部，被推举为村党支部书记。1962 年，小高庄甩掉了吃粮靠统销，花钱靠救济的帽子。1967 年，成立农田基本建设指挥部，几年间小高庄大队群众搬走 9 道岗，填平 7 条沟，建成百亩园田，粮食亩产达到 295 千克。1970 年，高栓柱代表小高庄大队参加中央召开的北方农业会议，见到了毛主席和周总理，还与中央领导一起参加国庆观礼。1970—1975 年，带领群众在双洎河、黄水河沿岸建起 4 个提灌站，架起 1 条 400 多米长的空中槽，修筑 7.5 公里长的硬水渠，挖了 2000 米长的地下水渠网，打了 35 眼机井，实现井渠双保险，机电双配套，在全县第一个实现园田化、水利化。1974 年，高栓柱被选为中共新郑县委常委。1975 年，带领群众开挖 1 条 2000 多米长的地下水渠。1976 年，小高庄建起修配厂、带锯厂、林场、石棉瓦厂、缝纫厂、面粉加工厂。同年，小高庄大队拥有各种农业机械 190 多部（台），基本实现农业机械化。1977 年，小高庄粮食亩产达到 778.5 千克，总产达 182.5 万千克，占全县粮食总产的 1.28%，为国家贡献粮食 65 万千克，占全县贡献粮食总数的 4%，工业总产值达 1000 多万元。1978 年，高拴柱被选为河南省和全国第五届人大代表。由于常年劳累，开会回来就病倒了，11 月 11 日上午，高拴柱悄悄离开医院，到毛园、后端湾、仓城，查看麦播情况，由于身体状况不佳，呼吸急促，摔倒在地，停止了呼吸。中共新郑县委、县政府为高拴柱同志举行隆重的追悼会，号召全体党员干部学习他为党的事业，为人民的幸福鞠躬尽瘁，死而后已的崇高精神。

革命烈士

姓名	性别	籍贯	出生年月	入伍时间	职务	牺牲时间	牺牲地点
王义辰	男	李楼村	1911	1945.5	中原军区副排长	1946	不详
王星武	男	李楼村	1926	1945.5	中原军区副排长	1946	不详
杨长奎	男	王老庄	1921	不详	人民解放军战士	1948.1	陕西省宜君县
牛家辰	男	沈庄村	1930	1945.12	人民解放军战士	1948	长治
赵广材	男	小李庄村	1930	1949.2	14 军 42 师 125 团战士	1949.6	江西省
云全林	男	徐庄村	不详	1948.2	中原豫西军区 4 分区战士	1949.7	江西省樟树镇
沈自勤	男	大吴楼村	1923.5	1948.3	2 野后勤辎重营 3 连战士	1949.7	广东省番禺县田板街
王长山	男	胡庄村	1920	1949.1	14 军 42 师 125 团 2 营战士	1949.7	江西省云台县
刘长来	男	双龙寨	1928.12	1948.11	15 军 43 师 127 团战士	1949.9	广西玉林县
李福	男	小占庄村	1929.8	1949.1	武汉军区班长	1950.1	荥阳
张连森	男	沟张村	1931	1948.12	第 2 野战军学员	1949.4	渡江战役，南京浦口车站
任聚中	男	暴庄村	1919	1948.10	志愿军 50 军 150 师战士	1951	朝鲜安州郡
秦国番	男	秦楼村	1923.1	1949.1	志愿军排长	1951	朝鲜战场
张瑞生	男	大周庄村	1931.10	1950	志愿军 180 团 3 营卫生员	1951.6	朝鲜五次战役
范武昌	男	范庄村	1933	1951.3	志愿军 195 师警 2 连战士	1952.1	朝鲜开城
王长绪	男	王安庄村	1929	1948.2	志愿军战士	1952	朝鲜战场
王永安	男	王老庄村	1922	1948	志愿军战士	1954.7	朝鲜
王万卿	男	马楼村	1935.10	1953.5	中共党员，湖南省 167 医院连长	1964.8	湖南
张书建	男	官刘庄村	1947.2	1964.3	8234 部队班长	1969.8	湖北省
张坤彦	男	吕庄村	1952.1	1971.1	0195 部队战士	1973.11	湖北孝感 190 医院

续表

姓名	性别	籍贯	出生年月	入伍时间	职务	牺牲时间	牺牲地点
李新才	男	大周庄村	1956	1977.1	共青团员，53460部队42分队副班长	1979.2	广西那坡
胡更雁	男	新郑	1936	1949.5	二十八军八十三师二四八团二连战士	1949.5	上海嘉定

注：牛家辰，1948年在长治失踪，1962年被追认为烈士。

大事记

LOCAL RECORDS OF CHENGGUAN

1948 年 10 月，解放新郑战斗中牺牲的烈士安葬在城关（乔庄）凤台寺烈士陵园。

1948 年 10 月 31 日，新郑县人民政府成立，全县成立 5 个区政府，第一区为城关，第二区大杨庄，第三区辛店，第四区溟水寨，第五区高夏。

1950 年 4 月 7 日，新郑县召开土地改革工作会议，抽调 106 人组成土改工作组，分赴城关、辛店两个区的 17 个乡搞土改试点。

1965 年 11 月，城关人民公社拉开平整土地序幕。

1972 年，城关人民公社建成新郑县第一座陶瓷厂——红星陶瓷厂。

1975 年 12 月，城关人民公社棉纺厂建成投产。

1976 年，城关人民公社薛庄大队率先办起养鸡场。

1978 年 10 月，新郑县在高皮匠大队开展秋季带叶栽泡桐实验，创新郑县带叶栽泡桐之先河。

1980 年，城关人民公社在城西工业区建成新郑县第一座涂料厂——新郑县防水材料厂。

1981 年，城关人民公社在县城西建陶瓷厂，有职工 250 人，生产釉面砖、卫生洁具等。

1984 年 6 月，城关乡褚庄温泉渔场动工兴建。

1986 年 1 月，在城关乡胡庄发现东周大型陵墓群。

20 世纪 70 年代新郑县城关公社社员在田间兑现工分　王大秋 摄

1987 年，新郑县火电厂（343 国道与蓝晶路交叉口西南）建成运行，当年发电 204.2 万度。

1990 年 3 月，西关汽车站建成并投入运营。

1991 年，城关乡投资兴建新郑服装城，占地 27 亩，建筑面积 3.2 万平方米，内外城共计 104 套营业房。

1993 年，城关乡工贸区建设初具规模。

1995 年 6 月，城关乡农民开始使用大型小麦联合收割机收麦。

1995 年底，城关乡实现村村通公路。

1998 年 4 月 1 日，城关乡政府驻地由县城南街搬迁至西关工业区。

2009 年 3 月 31 日，由国家文物局主办评选，河南省新郑市城关乡胡庄墓地获评 2008 年全国十大考古新发现。

2012 年 4 月 26 日，城关乡西城花园社区建设正式开工。

2012 年 6 月，薛庄村、王安庄（自然村）村民迁居城关乡居易新城社区。

2013 年在 9 月 4 日，在第十二届全运会自行车女子场地团体比赛中，城关乡敬楼村敬亚莉获得冠军。

新郑县火电厂（1988 年 1 月 20 日）

2014 年 9 月 23 日，城关乡成人学校被联合国教科文组织确定为农村社区学习中心（CLC）能力建设项目实验学校。

2014 年年底，徐庄（自然村）村民开始陆续迁居城关乡西城花园社区。

2015 年 6 月，胡庄、小寨村民入住城关乡西城花园社区。

2015 年 6 月 6 日，新郑西区（城关乡）创业产业园在居易新城社区西侧举行奠基仪式。

2015 年 11 月，王好庄（自然村）村民迁居城关乡居易新城社区。

2016 年 1 月 19 日，第一届白居易故里文化节在东郭寺村开幕，此后连年举办。

2016 年 4 月 26 日，城关乡居易新城社区三期工程正式破土动工。

西城花园社区　刘栓阳 摄

溪水湾社区　刘栓阳 摄

2016 年 10 月，小占庄村整体拆迁，陆续搬迁至溪水湾社区。

2016 年 10 月，苗庄（自然村）、王好庄（自然村）村民搬迁至城关乡居易新城社区。

2016 年 12 月，城关乡成人学校再次被联合国教科文组织确定为农村社区学习中心（CLC）能力建设实验学校。

2016 年年底，王老庄（自然村）拆迁居民入住西城花园社区。

2019 年 12 月，城关乡被中华诗词学会命名为中华诗词之乡。

2021 年，西关桥完成征地拆迁工作。

2021 年年底，大周庄村（香江龙湾）616 户拆迁群众完成首套房安置，乔庄村（楠岸雅筑）398 户拆迁群众完成首套房安置。

2022 年，镇区临街房户分房 474 套，网签 444 套。

2022 年，开展人居环境集中整治专项行动。

2022 年，推广大豆玉米带状复合种植 2490 亩，为推广大豆玉米复合种植提供了技术积累，得到中央电视台《新闻直播间》宣传报道。

2017 年第二届白居易故里文化节 刘栓阳 摄

城关乡文艺工作队演出　刘栓阳 摄

毛庄龙灯会　刘栓阳 摄

2023年4月，组建舞狮、舞龙、秧歌等各类文艺工作队14支，积极开展文化进万家活动。

2023年上半年，通过整合数据资源，打破业务部门界限，推进“一件事一次办”集成改革，落实政务服务向基层延伸。

2023年，全年开展“万人助万企”活动，解决困扰企业发展的“急难愁盼”问题，激发企业发展潜能。

口述史

LOCAL RECORDS OF CHENGGUAN

百年名校与白居易故里

口述：东郭寺村吴家文、吴战军

整理：曹军锋

中华人民共和国成立前，新郑县城西仅有两所完全小学，其中一所就在东郭寺，所以，东郭寺的学校有近百年历史了。

中华人民共和国成立后，学校的校长由教育主管部门派遣，有民办教师的时期，教职工队伍以公办教师为主，民办教师为辅；小学仅招收东郭寺大队的孩子，中学招收范围包括周围几个大队，最远的有辛店公社草场沟大队的学生。道远的学生，每天早晚都要结队徒步 3 公里多的距离上学和回家。东郭寺小学和东郭寺中学在同一校园，曾经分分合合，大多数时间里，学校每个级段有两个班级，每班约 45 人左右，学校的规模在 600 ~ 800 名学生。学校就坐落在白居易故里遗址上，是以白居易故里为基础扩建而成的，正是得益于此，解放前后，这里的文盲率相对比较低，对于这里的人们来说，不管当年完全小学毕没毕业，起码是有机会入学的。

东郭寺学校　刘栓阳 摄

学校位于东街最东端路北，西南与农户隔墙为邻，西北有一段围墙，墙外是一大片荒园林地；东、北以寨墙为界，寨墙外便是福胜寺遗址，寨墙呈弧形，当做校园围墙，高高地把学校围了一半；南面临街，大门南开，两侧各有一尊石狮子，门两侧是长 10 米左右的土围墙，而后分别是一排临街的简陋草房做教室。校园总体布局是坐北朝南，东西 4 排教室，前院基本属于小学低年级，最后是中学教室，中间部分属于办公区和集会的场地，学校运动场在校园西北角。学校的建筑是随着学校规模的扩大而逐步增加的，有的是二十世纪六七十年代几个邻村共同出资、出力合建的。

进入校园，院落的西侧有一栋古建筑是教务处和校长室；正对大门是一堵挺大的影背墙，墙的底座是椭圆形花坛，影背墙正好将它一分为二，花坛里有各种花卉装点着。影背墙北面是类似于四合院的古院落，长约 50 米，宽约 30 米，两排洋槐树、柏树和枣树，院内地表时常可见到一些被埋没的瓦砾砖头，这里也是学校集会和校长讲话的场所。东、西、北面是砖瓦结构的古建筑，北面和东面各有一栋 1 米多高台阶的殿堂式的瓦房，和普通的民居完全不一样，两根碗口粗的油漆圆木支撑着两根横梁的一端，圆木下面是圆形的石材底座；西面是民居类似的两栋普通砖瓦房，东面高台房屋南山墙紧挨着一栋普通砖瓦房，校园内仅有几栋不是坐北朝南的房屋夹在两排教室的中间，是教师的宿舍办公室，校园内这一中心区域正是传说中的白居易出生地——东郭宅。

在东郭寺学校近百年的建校史上，白居易故里始终是绕不过的话题，由于白居易故里为东郭寺学校提供了建校场所，这里的语文老师在讲授唐诗和白居易的时候，总会触景生情、很自豪地问学生，知不知道白居易出生地在哪里？唐代与现代，古人与今人，伟大诗人与平凡百姓，虽然历史跨越千年，但在东郭寺学校，在白居易故里，竟是如此之近。但老师们也不无遗憾地告诉学生，东寨门上“乐天故里”那块牌匾至今下落不明，找到它将是莫大的一件幸事。

由于没有传统的砖瓦建筑材料可用，白居易故里的古建筑年久失修，加之保护古建筑的意识淡薄，2000 年前后，全都拆了。学校进行统一规划后变成了整齐漂亮的东郭寺小学校园，中学改名为城关乡第三初级中学后，外迁至东 200 米处的居易大道旁。经历了近百年的沧桑巨变后，学校的硬件设施更好了，使这里的孩子享用着现代化的教育资源，却无意识地毁坏掉了让自己都引以为豪的历史记忆。好在很多人走出这里的校门，还能还原渐渐逝去的记忆。

白居易是河南省的历史文化名片，新郑市已将白居易故里纳入美丽乡村建设规划，以白居易故里为中心，发展现代化乡村游、文化游、生态游、养生游；因地制宜，发展以“居易文化养生区”为主题的各类商业形态，不久的将来，东郭寺这个有着悠久历史的古老村庄将会以仿唐古典式园林建筑群呈现在人们面前。

美丽乡村东郭寺村 刘栓阳 摄

白居易编枣乡儿歌

口述：白彦章

整理：唐　飞

据传，唐代大诗人白居易自幼聪慧过人，常与左邻右舍的小朋友边一起玩耍，边编些小孩儿好说好记又好唱的儿歌，教给伙伴们学唱，这些儿歌大概就是诗歌的前奏曲吧！

新郑东郭宅（今城关乡东郭寺村）是白居易的出生地，也是当年盛产大枣的地方。一天，白居易看见门外一位小姑娘爬上弯腰枣树上，便见景生情，遂顺口唱出一首儿歌：

小枣树，弯弯枝儿，

那顶儿趴个小闺女儿，

乌头发，双眼皮儿，

扎小辫子红嘴唇儿，

脸上抹油搽白粉儿，

鼓堆堆的樱桃嘴儿，

说话和气笑眯眯儿，

大家咋看也看不俗儿。

小女孩儿听到夸奖，哈哈大笑起来。

白居易带领弟弟正在院子里玩，忽听小狗汪汪叫，放在门口的小板凳被那小狗撞倒，原来是板凳上放有堂嫂送来的鲜枣，小狗闻到果香，便不管不顾地将这板凳上的小筐撞翻，正在边玩边衔着吃。只长出四颗小牙的小弟弟行简伸手要枣吃，大嫂说："你咬不动，你乳娘给你煮熟以后，你就能吃了。"

白居易把这件事立即编成顺口溜儿歌，相传至今：

板凳倒，狗娃咬，那谁呀，俺大嫂，吃的啥，大红枣，叫我吃个把，你没牙咬，给你煮煮吧，那才好！

忆往昔

口述：苗 聪

整理：冯韩星

我叫苗聪，1993 年生于城关乡薛庄村的一户苗姓人家。隔壁村叫东郭寺，得益于友邻关系，从小我就知道这儿是一位大诗人的故里。

小学三年级那年，薛庄小学正式合并到东郭寺。小小的我带着激动和兴奋，和同样兴奋的同学们一起叽叽喳喳地一路走到东郭寺完全小学。在这里，我真正认识到了大诗人——白居易。学校的墙壁上，随处可见白居易诗词；每次有关古诗词的活动，白居易的诗词内容永远是我们的首选——对于我们来说，实在是太过熟悉：我们从“江南好，风景旧曾谙”里感受不曾到访的江南盛景，从“野火烧不尽，春风吹又生”里体会草的坚韧……以至于到了中学，看到《长恨歌》的第一反应居然是好像看到了久别重逢的老友。对于别人来说冗长晦涩的《琵琶行》，我背起来也甘之如饴。

东郭寺村 刘栓阳 摄

上班以后，有幸到城关乡上班，却和我的母校擦肩而过。上班的第二年的期末，作为监考员，我和同事们一起，重新踏上这片养我的土地。看着这片熟悉又陌生的地方，我不禁热泪盈眶。

原来下雨天会让人满身泥泞的路现在平整又干净。原来一开学就略显逼仄的开在一旁的校门口现在改换到临街的位置，看起来古朴又大气。一进校门，小时候的一些经历好像电影一样在我脑海里不断放映：不变的花坛旁，我和小伙伴们曾经在这儿做早操、玩游戏。小时候的操场已经不见了，就像体育老师带我们玩游戏、打篮球、跑步的时光一去不复返。操场旁边那一排老旧的屋子也被拆了，我曾经在这儿跟随老师住过两晚，为了参加那场让我意识到原来自己很渺小的数学竞赛。小时候很喜欢的弧形拱门还在，旁边总是有办不完的黑板报的黑板也还在，让我一下子回到旧日时光，忍不住和发小拍照打卡：你记得吗，我们俩借着打扫卫生的机会拿着抹布和水桶在这儿打打闹闹被教导处的老师批评了一顿……而当我转身看到我小时候的老师们，看着他们数十年如一日的坚持和慈爱，我仿佛看到了我自己努力的方向。

东郭寺作为“白居易故里”，而我的母校仿佛也“师从名门”，从未变过的，就是随处可见的“白居易元素”：标牌，潜移默化的教育。

从小我就有一个愿望，长大以后要像我的老师们那样，做一个能影响别人积极向上的人。幸运的是，我现在有这样的资格了。而我所从教的学校，胡庄小学，如今也有了很大的变化，搬进了新校区。我希望，我作为一名乡村教师，能坚守住我这份心，累了就抬头看看不远处的我的“信仰”，踏实走好脚下的每一步。

老电厂、新学校、白居易老工业基地转型三个关键词

记者：张 立

春回大地，万物复苏。新郑市城关乡国道 G107 两侧，大片绿化带正在种植。是今年黄帝故里的重点绿化项目。

城关曾是新郑市老工业基地。改革开放初期，这里以电厂为中心，工业企业密布。后来，产业调整，电厂关闭，企业改制迁出，城关面临转型。“教育、生态、文化，是我

们转型的着力点。”城关乡党委书记马东亮说，要改造老工业基地，使其符合黄帝文化名城的定位。

簇新的凤台路旁，一座老电厂矗立。两座烟囱直入云霄，浑圆的发热塔憨态可掬，与周围的现代建筑对比鲜明。“电厂是工业时代的印记，保留下来，改造成文化产业园。”马东亮说，二十世纪八九十年代，这里是新郑市最具活力的工业区，电厂让群众首先用上暖气，周边糖果厂、瓜子厂是那一代人的永远记忆。

距此不远，启用不久的新郑二中新校区仿古的大门与现代化的教学楼交相辉映。学校分为教学区、运动区、办公区、生活区和休闲绿化区，容纳 4000 名学生，是新郑的新地标。

“城关不仅有新郑一流的高中，还有初中和小学、幼儿园。”马东亮说，近年来，原有的旧厂房相继拆除，在腾出的建设用地重新规划了居民区和教育设施。距离新二中不远的一处工地，是一所初级中学，预计今年完工。附近还分布了多家公立、私立幼儿园。“附近居民，不出乡就能享受一站式教育。”

不远处的西城花园，6 层电梯房错落有致，院内设有幼儿园、地下车库、健身游园。“这里是附近几个村庄的安置区，全部村民免收物业费。”胡庄村支书杜留治说，小区门面房作为集体财产出租，租金支付物业费。

城关乡西部为大片煤矿沉陷区。为改善村民居住环境，将旧村拆除复耕，在东部基础设施完备的区域，建设新社区，实现村民集中安置，提升土地利用效率的同时，为以后产业布局留出空白。

阳光下，南水北调中线干渠宛如一条玉带，由南向北，穿过城关乡全境，两侧数百米的绿化带和水土涵养带积蓄了巨大的生态资源。不远处，碧波荡漾的杨河从具茨山蜿蜒而下，沿河公园绿树成荫。北边，《诗经》中的古溱水是中华民族一条古老的爱情河。

在西边东郭寺村，仿古的村舍古朴厚重。村口文化墙上是白居易的回乡诗。这里是白居易的出生地，有着白居易故居，古刹东郭寺，是名胜古迹，连年举办文化活动。

附录

LOCAL RECORDS OF CHENGGUAN

城关乡军人立功受奖人员统计

1. 一等功：王根友

2. 二等功：王明灿、张平安（现役）、高栋玉（现役）

3. 三等功：刘金涛、周双喜、靳宏杰、王全新、靳建松、胡金岭、胡国安、宋金林、吕远、李艳伟、赵冰、李设建、杨治宽、王朕杰、李永发、张俊义、杜付禄、赵松贤、张建周、张伟利、包峰、张江循、刘闯、刘国臣、高义军、赵明现、闵定军、毛亚东、申合群、高林山、刘新江、马俊广、敬永凡、敬天右、曹河彬（已故）、敬留治、敬遂民、敬冠军、曹占伟、敬书朋、吴五辰（已故）、曹连成、张新义、王合林、苗建彬、张长明、冯保平、王遂升、史金付、史春盈、吴志刚、赵勇军、史岭军（已故）、丁艳峰、田保民、李晓峰、李俊晓、李志军、王东山、岳新民、张双民、岳学力、张会民、张俊贤、张元奎、郭中杰、王冠、王伟强（现役）、李新峰（现役）、张昂（现役）

传承优秀传统文化 助推美丽乡村振兴

（城关乡诗教活动采撷）

如诗如画城关乡

巍巍具茨山，悠悠洧河水。在河南省会郑州南40公里处，坐落着黄帝故里新郑市西城区的一片风景如画、人民安康的美丽乡村——新郑市城关乡。这里杨柳依依、天蓝水清，新郑市境内第一大河双洎河缓缓流过；这里环境优美，风景宜人，著名的新郑“古八景”之南桥风雪、塔寺晚钟、溱洧秋波、锦堂春色任君徜徉；这里交通便利、区位优越，国道G107、大学南路、郑许公路、新密公路、登杞铁路纵横交错，四通八达；这里土地肥沃、物产丰富，拥有新郑市万亩粮田示范基地，葡萄、草莓、有机蔬菜等绿色农产品享誉四方；这里文化遗存星罗棋布，仓颉造字台、庄公望母台、宋太宰郑居中墓上福胜寺、国保单位凤台寺塔、张庄郑武公陵、苗庄韩王陵、胡庄韩王陵、暴庄韩王陵、端庄战国墓葬区、周庄秦楼战国墓葬区、列礓坡战国墓葬区、小寨汉墓等璀璨闪耀；这里文化灿烂，底蕴深厚，《郑风》之《溱洧》《将仲子》《叔于田》《狡童》《褰裳》《子衿》等诗篇起源于此，脍炙人口，流传至今，影响深远；这里物华天宝、人杰地灵，唐代伟大诗人白居易、唐代文学家白行简在这里出生。“男女亟聚会，声色生焉。”漫步于郑韩故城，溱洧之滨，遥听水琴蛙鼓，细品曲柳荷花，尽在浪漫而美好的诗画城关。

政府牵头，启动中华诗词之乡创建

城关乡东郭寺村自古有农历正月二十庙会的传统，传说就是为了纪念白居易而兴起。2017 年，城关乡党委政府为传承优秀传统文化，提升经济社会发展软实力，打造美丽乡村，依托白居易文化，启动中华诗词之乡创建，挖掘先贤精神内涵，开展诗教活动。为保障创建工作的有力推进，成立了由乡党委书记、乡长任组长，党委政府班子成员任副组长，乡直各部门各村支部一把手任成员的中华诗词之乡创建工作领导小组。领导小组从方案制定、组织机构、经费保障、过程督导、活动成效等各环节进行顶层设计、宏观把控；把创建中华诗词之乡工作纳入党委政府工作的重要议事日程，纳入精神文明建设的总体规划；在反复调研论证的基础上，制定了科学详细的《城关乡创建“中华诗词之乡”工作方案》《城关乡创建“中华诗词之乡”工作实施标准》；确定了“干部职工接受文化熏陶、学会会员提升创作技能、中小学生渗透诗词教育、全乡公民修炼文化素养”的创建工作总体理念；组织召开了各支部、村委、乡直部门一把手、全体机关干部参加的城关乡创建中华诗词之乡工作动员会；定期不定期召开专题会议，研究规划部署创建工作，深入诗词学会、学校、社区、企业等相关单位调研督导创建工作，及时解决创建工作中存在的问题，党委书记、乡长还亲自参与诗词创作，有力地推动了创建工作。

诗词之乡强保障，居易文化展风采

乡财政每年安排乡诗词学会活动经费大力支持：布置白居易生平事迹展和白居易诗歌书画作品展，出版讴歌党的十九大的诗集《党声民意》，出版反映城关风土人情经济社会发展的文集《小城故事多之城关故事》，出版发行诗刊《乐天歌》，布置乡诗词学会、各诗社阵地，每年高规格举办白居易诗歌文化季暨白居易诞辰活动。

在新郑市诗词学会的指导下，2017 年 6 月，城关乡诗词学会成立，负责城关乡诗词文化的传承和弘扬。新郑市诗词学会会长苏铁林担任乡诗词学会名誉会长，中华诗词学会会员李保田、吴志城、刘宏民，新郑市诗词学会副会长靳录、新郑市旅游和文物局纪检书记、新郑历史文化专家樊战东等担任诗词学会顾问。乡中心校校长赵振超担任会长，成员由乡诗词爱好者和热心传承诗词文化的社会各界人士组成。学会队伍发展迅速，由成立时的 26 名会员，发展到现在的 73 名会员，其中赵振超、敬建利、高汝岱、师艳霞、杨颖丽等5人已发展为河南省诗词学会会员，刘宏民、靳录、刘淑玲、赵振超、敬建利为中华诗词学会会员；乡诗词学会会长赵振超已被新郑市诗词学会任命为新郑市诗词学会副会长。乡诗词学会牵头，成立了政府机关、居易社区、东郭寺村、白居易故里文化园景区、泰成集团、东郭寺中学、东郭寺小学、周庄中学、周庄小学、胡庄小学10个诗社，各诗社有专人负责、有阵地、有组织、有人员、有计划总结、有平台、有作品、有氛围、有效果，依托诗社推进诗词文化进机关、进社区、进农村、进景区、进企业、进学校，开展系列诗词文化主题活动。

（1）纪念白居易系列活动。2016年始，每年的农历正月至三月，举办诗歌吟诵、白居易诗歌书画展、民俗表演等白居易故里文化系列活动，从文化节到文化周、文化季，至2024年，纪念白居易系列活动已举办九届。

（2）孝廉文化主题教育活动。利用各村文化大院的优势，弘扬和传播诗词文化，根据白居易的诗词提炼出有关孝廉文化方面的诗句，做成有城关特色的白居易孝廉文化宣传栏，用诗词宣传孝廉文化。

（3）诗人采风活动。邀请新郑市诗词学会、轩辕诗社会（社）员来城关乡采风，会（社）员参观西城大桥、溪水湾社区、西城花园社区、白居易故里文化园、敬楼村、沟张村、官庄村，专题创作有关城关乡诗词，在诗刊《轩辕诗词》《乐天歌》刊登。

（4）二十大精神宣传主题活动。党的二十大胜利召开，开启了中国特色社会主义新时代，城关乡干部群众备受鼓舞，积极用诗歌讴歌二十大，用诗歌讲述十九大以来的新成就新辉煌，讲述发生在老百姓身边的新故事，出版诗集《党声民意》，得到了上级党委政府的肯定，深受人民群众欢迎。

（5）诗词吟诵活动。邀请河南省社科院文学所研究员、河南省吟诵学会副会长葛景春先生举办诗词吟诵培训班，城关乡近百名诗词吟诵爱好者参加培训；东郭寺村诗社组织白居易文化宣传志愿者服务队，定期开展诗歌吟诵和白居易诗词讲座活动。

（6）诗词教育。东郭寺小学提出“你我阳光，共同灿烂”的文化主张，坚持“阳光的方向，最好的自己”的学校精神，开发“我是乐天好少年”系列校本课程。从校、园合一，诗意相融；与诗同行——晨之颂；与诗同行——课之融；与诗同行——午之醒；与诗同行——路之影；与诗同行——团之领；与诗同行——梦之行；与诗同行——展之形；与诗同行——亮之名等多个角度开展诗词教育活动。成立“国学经典、伴我成长”和“走近白居易”两个学生社团，有诗词爱好成员231人，占学生总数的62%。社团组织学生开展读诗词、诵诗词、背诗词、书写诗词、赏诗词、创作诗词、办诗词手抄报、讲诗词故事、开诗词大会、作诗词操等活动，取得了显著的成效。城关乡东郭寺中学把“白居易诗词诵读与鉴赏”作为学校特色进行推进，提出了“读千古美文 做少年君子”的教育理念，学校特色简介、白居易简介、白居易诗词在教学楼、办公楼制版放大上墙；学校编印校本教材，制定课程纲要，教师精心备课设计教案，纳入课程建设，安排白居易诗词诵读课；与美术课结合，用手中的画笔开展古诗词配画活动；与书法课结合，开展古诗书法教学；组织学生进行诗词仿写创作；组织讲白居易故事、白居易诗词鉴赏和学生诗配画作品展评等活动，学校被新郑市教育体育局授予白居易诗词诵读与鉴赏特色学校。

（7）举办诗词创作培训班。邀请中华诗学会会员刘淑玲老师，进行了题为《古体诗韵律常识》的诗词创作培训；郑州人民广播电台优秀节目主持人吴楠、艳楠到东郭寺小学、中学进行诗歌朗诵专题培训；新郑市五老报告团赵宪立老师到东郭寺小学作白居易生平事迹报告；河南诗词学会副会长王永宽、郑州诗词学会常务副会长李刚太举办诗词讲座；郑州诗词学会副会长段安仁举办诗词讲座；中华诗词学会会员、新郑诗词学会常务副会长李保田作诗词讲座；中华诗词学会副会长、《中华诗词》副主编刘庆霖举办诗词讲座。

（8）举办诗词大赛。戊戌年迎春诗词大赛分小学（以五六年级为主）组、初中组、成人组，每组评选出了一等奖 5 名、二等奖 10 名、三等奖 20 名，评选出优秀组织单位 5 个；组织参加己亥年新郑市新春斗诗会，东郭寺小学四年级学生张佳菡获得新郑市冠军；组织参加首届“乐天杯”全国诗词楹联大赛。

（9）开辟“诗意城关”。在城关乡政府公众号开辟“诗意城关”专栏。发布创建信息，刊登优秀诗作，宣传创建成果，营造创建氛围，引领创建工作。

（10）系列诗词文化活动。举办《听见·居易故里》音乐诗会、白居易诗歌品鉴会、白居易诗歌书画展等活动；邀请专家学者做客新郑电视台访谈节目《轩辕大讲堂》，就白居易的人生、诗歌成就及白居易诗歌的传承弘扬进行了访谈解读；著名策划人、诗人、词作家朱海先生考察白居易故里，对白居易诗歌文化如何融入东郭寺村美丽乡村建设进行指导；上海师范大学教授、博士生导师朱易安、著名琵琶演奏家方锦龙考察白居易故里，对白居易文化的弘扬和白居易故里的建设建言献策；河南省社会科学院文学所全体人员考察白居易故里，对白居易文化的弘扬和白居易故里的建设建言献策；河南省社会科学院文学所全体人员考察白居易故里，并与城关乡党委政府领导就白居易诗歌的传承和研究进行了座谈；《新声音·郑在读》大型诵读电视节目走进白居易故里，录制白居易诗歌诵读专场活动；举行盛大的城关乡戊戌年诗词创作大赛颁奖典礼及河南诗词名乡授牌仪式，河南诗词学会会长何广才、副会长李永乐，新郑市政协副主席王艳红，新郑市诗词学会会长苏铁林，新郑市委宣传部副部长梁国定，新郑市教体局、文广新局、城关乡党委政府的主要领导等出席了活动，新郑电视台进行新闻报道，中央电视台到现场采录镜头；新郑市"中华诗词之乡"创建工作现场会在城关乡召开，城关乡在会议上进行工作经验交流；新郑市教育系统"中华诗词之乡"创建工作现场会在城关乡召开，城关乡在会议上进行工作经验交流。

经过全乡广大干群的不懈努力，2018 年 3 月，城关乡通过河南诗词学会考察验收，获取了"河南诗词名乡"的称号。2019 年 11 月，城关乡通过中华诗词学会验收，领授"中华诗词之乡"匾牌。

文化助力，无限潜力在城关

洧水河畔杨柳青，居易故里诗兴浓；会当一吟千年诵，文化助力城关兴！中华诗词源远流长，博大精深，凝结着中华民族的聪明才智，培育着中华民族的审美情趣，积淀着中华民族的精神气质，是中华五千年的文化瑰宝。虽然，城关乡已经获取了"河南诗词名乡""中华诗词之乡"匾牌，积累了一定的工作经验，打下了一定的工作基础，但如何充分发挥中华诗词的作用，为当地经济社会发展发挥更大的服务作用，助力乡村振兴，还有许多工作要做。城关乡将继续为"文化凝心聚力，振兴乡村经济"而不懈努力！

撰稿：赵振超

畅想东郭寺

——写在先祖白公居易诞辰1252周年之际

东郭寺，先祖白公居易诞生的地方，
也是我的精神家园，心灵故乡。
东郭寺，先祖白公居易诞生的地方，
我虽多次拜访过这里，而且每次拜访都会令我心情荡漾，
但都比不上今天——正月二十，这样的澎湃、如此的昂扬。
遥想一千二百五十二年前的今天，
东郭寺的天空钟鼓齐鸣、红光闪亮，
一个不同寻常的小生命呱呱落地，来到了人世上。
在这里，他发出了第一声哭声，
在这里，他蹒跚学步，由此一步步走向远方，走出河南，走出国门，扬名山川大洋。
回望先祖白公居易七十五年的壮阔人生，
“穷则独善其身，达则兼济天下”，
一心为民、一生为民，是他的奋斗理想。
《观刈麦》《卖炭翁》，字字血，句句泪，
似匕首如利剑，直刺封建统治者的心脏。
《长恨歌》“童子解吟”，《琵琶行》“胡儿能唱”，
酿就千年食粮佳酿。
济世为民、造福百姓，铭记在他的心房——
忠州的东坡花树，杭州的钱塘大堤，苏州的七里山塘，
这一件件的民生工程，这一桩桩的惠民善行，
无不流淌着先祖的汗水，书写着爱民的篇章。
即使晚年退居洛阳，心念农桑苦，耳闻饥冻声，百姓依旧挂在他的心上。
他要——
争得大裘长万丈，与君都盖洛阳城；
他要——
暗施慈悲与后人，把最后一滴汗水洒在八节滩一带的水面上。
仰望白公居易的人生，

“一心为民，一生为民，诗为民歌，事为民做”十六个大字发出万丈光芒，

彰显着“人民诗人，贤官良吏”的高风亮节与侠肝热肠。

大江东去，浪淘尽千古风流人物；

沧海横流，方显出英雄本色。

先祖白公居易以天下苍生安享太平为己任，像千斤巨石凿就的丰碑屹立在人们的心上，

经受住狂风巨浪的考验，直到永远，永远，万古流芳。

撰稿：白坤堂

参考文献

[1] 新郑市地方史志办公室 . 新郑年鉴 2017. 北京：方志出版社，2017.

[2] 新郑市地方史志办公室 . 新郑年鉴 2018. 郑州：中州古籍出版社，2019.

[3] 新郑市地方史志办公室 . 新郑年鉴 2019. 北京：中国文史出版社，2019.

[4] 新郑市地方史志办公室 . 新郑年鉴 2020. 北京：中国文史出版社，2020.

[5] 新郑市地方史志办公室 . 新郑年鉴 2022. 北京：方志出版社，2022.

[6] 新郑市地方史志办公室 . 新郑年鉴 2023. 北京：方志出版社，2023.

[7] 郑州市地方史志办公室 . 新建路街道志 . 北京：中国水利水电出版社，2019.

[8] 中国新郑历史大事年编 2019. 中共新郑市委党史研究室，2019.

俯瞰城关乡　刘栓阳 摄

城关乡一瞥　刘栓阳 摄

田野　刘栓阳 摄

城关乡新型社区　刘栓阳 摄

新郑市第二高级中学　刘栓阳 摄

南水北调中线工程　刘栓阳 摄

编纂始末

根据中国地方志工作办公室《中国名镇志文化工程实施方案》部署，开发利用地方志文化资源，传承乡土历史文化，保存乡土文化记忆，充分发挥地方志“资政、教化、存史”功能，这是一项意义重大的工作。

《城关乡志》编纂之始，编纂团队立足于展现城关乡发展特点和独有价值，统合古今，详今略古。对中华人民共和国成立以后，特别是中共十一届三中全会以来所发生的重要史实进行重点记述，深入挖掘城关乡干部群众锐意进取的发展历程、改革创新的人文精神。

《城关乡志》从乡情特点出发，突出乡村特色和重要史实，在篇目设置上力图有所创新，在语言上努力追求朴实、严谨、简洁、流畅，增加可读性。

《城关乡志》坚持生不立传的原则，因此，有一批曾为城关乡政治、经济、社会、文化发展做出过诸多奉献的贤达俊杰未能入选本志，在此我们深表歉意。在《城关乡志》编纂过程中，编辑人员各负其责，保证了志书的顺利完成。

在编纂本书的过程中，得到了中共郑州市委党史和地方史志研究室的帮助和指导，从章节的编排、资料收集、政治观点、专业的科学性等全方位、全过程跟踪指导。中共新郑市委党史和地方史志研究室主任李磊对本书进行了精心的修订，为本书的顺利出版提供了大力的帮助。城关乡党委、政府十分重视乡志的编纂工作，新郑市副市长、城关乡党委书记李利娜，乡长李晓东多次对乡志编写工作提出要求，审核提纲，牵头、组织协调各部门、各社区（村）参与编纂，乡教办冯韩星同志、乡直各部门以及相关单位积极提供资料。在此谨向为本书付出辛勤劳动的领导以及参与编辑的工作人员致以衷心的感谢！

因本书中所选照片及文章众多，部分作品未能在出版前及时联系到著作权人，请著作权人看到后与我们联系，我们将及时奉上稿酬。

因本书编纂工作时间仓促，资料分散，加之理论水平有限，才疏学浅，虽潜心编纂，数易其稿，其错误和遗漏的地方在所难免，敬请社会各界和专家学者批评指正。

《城关乡志》编纂委员会

2024 年 8 月